Las CUATRO ESTACIONES del AMOR

PEFC
PEFC/14-1-1

Este libro se ha elaborado con papel procedente de bosques gestionados de forma sostenible, reciclado y de fuentes controladas, avalado por el sello de PEFC, la asociación más importante del mundo para la sostenibilidad forestal.
Certificado por SGS según N.º: SGS-PEFC/COC-0405
www.pefc.es

MAEVA desea contribuir al esfuerzo colectivo y permanente de proteger y preservar el medio ambiente y nuestros bosques con el compromiso de producir nuestros libros con materiales responsables.

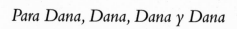

Para Dana, Dana, Dana y Dana

«Y nosotros éramos como esos farolillos de las fiestas nocturnas: las penas y las alegrías de diversos amores nos consumían.»

Valery Larbaud,
De la tierna edad

Pimpinela

Ese verano, Cabrel cantaba *Hors Saison* y todo el mundo cantaba a Cabrel.

Ese verano se había apresurado a hacer acto de presencia. De hecho, desde el último fin de semana de mayo, cuando la temperatura había subido de golpe hasta los veinte grados. Entonces se oyeron las primeras risas en los jardines privados, las toses secas provocadas por el humo grasiento de las primeras barbacoas y los gritos de las mujeres sorprendidas al sol, medio desnudas. Parecían gorjeos de pájaros. El pueblo entero era como una pajarera.

Luego los hombres comenzaron a reunirse al atardecer, con el fresco, para tomar los primeros rosados, muy fríos, a fin de burlar el nivel de alcohol, adormecer los maleficios y poder beber más. Y entonces empezó realmente el verano.

Ese verano estaba Victoire. Y estaba yo.

Victoire tenía el pelo dorado, ojos de esmeralda, como dos gemas ovaladas, y una boca tan carnosa como un fruto maduro. Mi más hermosa victoria, decía su padre riendo, encantado con su ocurrencia.

Aún no era la mía, pero me estaba acercando. Lentamente.

Mi madre decía que yo ya tenía cierto porte de adulto que, según ella, a quienes lo habían conocido les recordaba a mi padre. Mi voz era casi grave, ronca en ocasiones, como la de algunos hombres al amanecer. Un bozo oscuro me sombreaba el labio. Por entonces el resultado no se me antojaba muy estético, pero las esmeraldas de Victoire tenían el don de ver más allá de las cosas.

Yo era su amigo. Y soñaba con ser mucho más.

Mi madre había perdido el trabajo a principios de ese año. Cuando empezó a hacer mucho frío.

Era dependienta en Modes de Paris, en la calle de Esquermoise de Lille. Y eso que su encanto y su delicadeza habían obrado maravillas, y su gusto, tan certero, había embellecido y estilizado muchas siluetas rellenitas. Sin embargo, nada había impedido el fango de la injusticia.

Tras semanas de lágrimas y de martinis, decidió volver a tomar las riendas de su vida. Se matriculó en un curso de contabilidad. A falta de disponer de dinero, decía, al menos podré contar el de los demás. Me gustaba su ironía de superviviente. Se cortó el pelo y se compró un vestido primaveral rosa pálido que subrayaba con insolencia su esbelta cintura y su recatado busto.

A la muerte de mi padre —un ataque al corazón al volante de su coche rojo, que lo mató en el acto y causó otras tres víctimas—, mi madre no tuvo ánimos para entregar su corazón a ningún otro hombre.

Nada podrá sustituirlo, ni nadie, se lamentaba, soy mujer de un solo hombre, hice una promesa.

Creía, como por entonces yo mismo ansiaba creer, que el amor era único.

Yo tenía tres años cuando ocurrió. No recordaba a mi padre. La ausencia de imágenes, de olores, de brazos fuertes y de besos que raspan hacía llorar a mi madre. Con todo, se aplicaba a dotarlo de existencia. Me mostraba las fotos de sus comienzos: en un jardín, en la playa de Étretat, imágenes desenfocadas en un vagón de tercera clase, en la terraza de un restaurante, junto a una fuente de Roma, en una bonita plaza detrás del palacio Mattei di Giove; sobre una cama inmensa, muy blanca, sin duda una mañana, él mira al objetivo, debe de ser ella quien hace la foto, él sonríe, se le ve guapo —Gérard Philippe en *Le Diable au corps*—, cansado, feliz, nada puede ocurrirle. Yo no existo todavía. Tan solo son las primeras imágenes de una gran película de amor.

Mi madre me hablaba de sus manos. De la suavidad de su piel. De la calidez de su aliento. Me hablaba de la manera en que me tomaba en sus brazos, con torpeza. De su modo de acunarme. Tarareaba las canciones que él cantaba a mi oído de recién nacido. Lloraba al ausente. El silencio. Lloraba sus miedos, y su llanto la aterraba. Al contemplar las escasas fotografías, imaginaba las arrugas que tendría en la actualidad. Ahí, ¿lo ves?, sus ojos serían como pequeños soles. Y su ceño fruncido, aquí, se habría acentuado todavía más. También tendría algunas canas, ahí y ahí, y aún estaría más guapo.

Y entonces se levantaba y corría a su habitación.

Al ir haciéndome mayor, soñé con un hermano, o en última instancia con una hermana, y, por qué no, con un perrazo afable, pero mi madre seguía fiel a su gran amor perdido. Y ni siquiera el encanto seductor —«hollywoodiense», decían en el pueblo— del joven farmacéutico que bebía los vientos por ella, ni siquiera los perfumes, los bombones, las promesas o los ramos de flores la hicieron cambiar de opinión.

Ese verano mi madre aprendió el capítulo de los gastos y pérdidas. La lista de tablas y gráficos. Los envases no recuperables.

Ese verano me convirtió en su profesor particular. Su maestro. Me llamaba «mi hombrecito». Afirmaba que cada vez me parecía más a mi padre. Se sentía orgullosa. Me quería. Me sonreía mientras yo me hacía cortes en la lengua a fuerza de lamer los sobres en los que ella había metido sus currículums, sus botellitas arrojadas al mar. Me tomaba la mano. La besaba.

—Siento mucho lo de este verano, te pido perdón, Louis.

Ese verano no nos fuimos de vacaciones.

Vivíamos en Sainghin-en-Mélantois.

Un pueblo que no tenía nada especial y que uno confundía con cualquier otro. Una iglesia de san Nicolás del siglo XVI. Un bar de apuestas hípicas, Le Croisé. Un supermercado, 8 à Huit. Una panadería, Dhaussy. Una floristería, Rouge Pivoine. Un Café du Centre. Otro café. Y otro más, donde quedaban estibados los que habían dejado de navegar. Se decía que bebían venenos que los hacían tambalearse y hablar de barcos y de tempestades y de cosas que no habían conocido pero que recordaban. De fantasmas. De lugares que habían visitado sin moverse jamás de allí, por los azares de una guerra o en pos de una muchacha. Uno de ellos me trincó una tarde, a la vuelta del colegio. ¡Una tonkinesa, chaval!, vociferaba, con un cuerpo de diosa, un putón espléndido, ah, una guarra con ojos como la noche. Algún día conocerás eso, rapaz, ese inmenso fuego, todo tu cuerpo ardiendo.

No se equivocaba.

Las mujeres de sus sueños nadaban en el fondo de su copa. Se decía que en sus rostros se leían los mapas y el sufrimiento de aquellos países a los que jamás habían ido.

Sainghin-en-Mélantois. No muy lejos de los bares, extendiéndose hasta los lindes de los extensos campos de remolacha y de cereales, surgían a la vista las casas de ladrillo y los jardines medianeros como un *patchwork* fortuito. Al igual que los caminos de tierra que llevaban al bosque de La Noyelle, donde, cuando empezaba el buen tiempo, los chiquillos «se hacían los hombres» delante de las chicas con sus carabinas, apuntando a los gorriones y los jilgueros, que, a Dios gracias, volaban más rápido que sus perdigones.

Un pueblo donde todos se conocían, pero en el que se callaban muchas cosas, tanto las verdades como las mentiras. Un pueblo donde se murmuraba que el dolor de unos suponía un consuelo para la mediocridad de otros. Donde la ausencia de futuro suscitaba ideas tristes, provocaba arrebatos de cólera y hacía desaparecer a gente en plena noche.

Los padres de Victoire poseían una gran casa de ladrillo naranja algo apartada de la carretera que lleva a Anstaing. Su padre era banquero, trabajaba en la sucursal del Crédit du Nord situada en el número 8 de la plaza de Rihour, en Lille. No es nada divertido, decía Victoire, siempre viste como un viejo, y cuando intenta sonreír le sale una mueca. Su madre, un ser enfermizo al que su propia sangre había estado a punto de envenenar, se dedicaba a «sus labores». Era de ella de quien Victoire había heredado la tez de porcelana; eran de ella los modales delicados, los gestos precisos, como si supiera que iban a ser los últimos; de ella su sentimiento absoluto, peligroso —de lo que yo no sería consciente hasta más adelante–, del amor, pero sobre todo del deseo. Escribía poemas y su marido banquero costeaba la publicación; breves opúsculos que ella leía en público una tarde al mes, en el salón de su espaciosa casa. Corría el rumor de que las rimas iban acompañadas de té y pasteles de Meert con los que su auditorio se deleitaba. Más que en el desconcertante lirismo de la poetisa, era en los dulces donde radicaba la verdadera poesía: la que hacía rimar «vainilla» con «soletilla», como en los versos «Helado de galletas de Flandes a la vainilla / Mousse de chocolate negro con bizcochos de soletilla».

Victoire tenía una hermana mayor, Pauline. Una belleza de diecisiete años con un toque oscuro y turbador que me asustaba y me fascinaba a un tiempo. Era algo que tenía que ver con la carne. Con sus vértigos. Y si de vez en cuando, por la noche, a mis quince años henchidos de savia, de impaciencias, incluso de urgencias, se daba el caso de que soñara, era el cuerpo de Pauline el que evocaba.

Pero era a Victoire a quien amaba.

Recuerdo la primera vez que la vi. Hace más de trece años.

Fue en la biblioteca pública, en la calle del Maréchal-Leclerc. Había ido a buscar unos cómics. Ella ya estaba allí, con su madre, que buscaba desesperadamente un poemario de Henri Michaux. Decididamente, aquí no hay de nada, esto no es una biblioteca, es una tomadura de pelo, se quejaba irritada. Pero ¿quién lee poesía en la actualidad, señora? ¡Poesía! ¡En Sainghinen-Mélantois! Dedíquese más bien a la novela policíaca, tenga, en el protagonista de este libro encontrará poesía, redención, perfidia, «infinitos turbulentos», almas que se hacen pedazos.

Victoire me miró, divertida por el tono de los adultos e incómoda por el de su madre. No tendría más de once años. Una rubia de cine, una languidez al estilo de la Bardot. Unos ojos increíbles que solo más tarde supe que eran del color de la esmeralda. Y una audacia imprevisible.

Se me acercó muy seria.

—¿No sabes leer? ¿Por eso eliges libros con ilustraciones?

—¡Victoire!

Se encogió de hombros.

—Tienes suerte, ni siquiera necesitas preguntarme cómo me llamo.

Y se reunió con su madre. Afortunadamente para mí.

Porque, pese al hilillo de sudor helado que me recorría la espalda, de pronto había sentido calor.

Porque habría sido incapaz de pronunciar una sola palabra.

Porque mi corazón, al igual que el de mi padre, acababa de estallar.

A principios de julio, medio pueblo tomó la carretera de Le Touquet o la de Saint-Malo, y el otro medio, la de Knokke-le-Zoute o la de La Panne.

Victoire y yo nos quedamos en Sainghin. Como mi madre, que seguía trabajando en su contabilidad. Y como su padre, que hacía muecas mientras estudiaba las demandas de préstamos estudiantiles, y su madre, que se esforzaba por extraer de su doliente pluma las palabras susceptibles de conmover algún día el corazón del mundo y aliviar la melancolía de los resignados. Pauline se encontraba en España, vivía de noche a base de ponche Caballero y de desconocidos.

Teníamos de vecinos a los Delalande. Habían llegado de Chartres dos años atrás, en 1997. A él lo habían trasladado a varios kilómetros de aquí, a Fretin, a la sucursal del fabricante de componentes de automóvil Quinton Hazell; en cuanto a ella, al año siguiente consiguió un puesto de docente de exégesis bíblica en la Universidad Católica de Lille. Cuarentones y sin hijos, formaban una pareja muy atractiva. El marido se parecía a Maurice Ronet, con un toque más sombrío. La mujer, a Françoise Dorléac, pero en rubio. Ella lo miraba con ojos vigilantes y enamorados. De propietaria, en una palabra. Su casa era una de las pocas del pueblo que tenía piscina y, gracias a las buenas relaciones de vecindad, Gabriel –llámame Gabriel, me había pedido el señor Delalande– me confió el mantenimiento mientras él llevaba a su mujer a la costa vasca, al menos hasta principios de septiembre. En busca de la agitación del viento del sur, «el viento loco», como lo llaman por allí, y de las bofetadas del océano, había precisado, como para recordarnos hasta qué punto todo era insulso, triste y sin salida, en el lugar donde vivíamos.

El pago por el mantenimiento de la piscina me permitiría comprar una motocicleta cuando cumpliera los dieciséis. Victoire y yo habíamos visto una, una Motobécane de ocasión, una Azul en buen estado que vendía un jubilado del pueblo. Ya nos veíamos sentados los dos en el largo sillín de plástico con parches de cinta adhesiva negra, sus brazos rodeándome la cintura, mi mano izquierda sobre las suyas, su aliento en mi nuca, camino de una vida compartida.

Estaba ansioso por que creciese.

Estaba ansioso por que se evaporasen su gracia infantil y su aroma a jabón y a flores.

Estaba ansioso por que emanasen de ella las fragancias picantes y cálidas con las que me cruzaba en la estela de Pauline, en la de algunas chicas de mi clase de entonces, en la de ciertas mujeres por la calle.

Olor a piel. Olor a sangre.

Todas las mañanas la esperaba cerca de su casa. Todas las mañanas, ella pedaleaba hacia mí. Reía. Las esmeraldas de sus ojos brillaban. Y todas las mañanas, desde una ventana del primer piso, la poetisa gritaba, antes de volver a sus versos melancólicos:

—¡No hagáis tonterías! ¡Tráela a la hora de comer!

Estábamos solos en el mundo. Éramos Victoire y Louis, una promesa rubia. Éramos inseparables.

Salíamos pitando hacia el Marque, el río que discurre hasta Bouvines —sí, como la batalla del mismo nombre, en julio de 1214—, y cuando nos dejábamos caer al suelo, agotados, le trenzaba alianzas de hierba, que ella se ponía riendo en sus finos dedos, y contaba el número de sus futuros hijos en el pliegue del meñique. Pero nunca me casaré contigo, insistía. Y cuando le preguntaba por qué, respondía que entonces ya no sería su mejor amigo. Yo ocultaba mi herida protestando:

—Claro que sí. Siempre seguiré siendo tu amigo, toda mi vida.

—No. Cuando dos personas se aman de verdad, pueden perderse, y yo no quiero perderte nunca, Louis.

Entonces saltaba como una cabrita y volvía a subir al sillín.

—¡Gallina el último!

La infancia me la seguía disputando. La infancia me la arrebataba.

De manera que me tragaba mis deseos de muchacho. Aprendía lo que era la paciencia, el dolor inevitable que conlleva.

Cuando volvíamos, a la hora tórrida de la comida, su madre nos había preparado un tentempié, como ella lo llamaba, a la sombra del frondoso tilo del jardín: jamón, menestra de verduras, limonada, en ocasiones una tarta hojaldrada de queso si el tiempo refrescaba, y de postre pudin o *mousse* de chocolate. Me gustaban los bigotes que el cacao dibujaba en los labios de Victoire, soñaba con borrárselos con la lengua mientras, más abajo, dentro de mis pantalones, la sangre fluía, transformando mi pene en el sexo de un hombre ávido y hambriento. Entonces, por una mezcla de placer y vergüenza, bajaba la vista.

Por la tarde íbamos al jardín de los Delalande; lo cierto es que ella solo había visto una vez a Gabriel, pero había bastado para que lo encontrase guapo, «desesperada, mortalmente guapo».

Con la ayuda de una gran barredera, me ayudaba a retirar las hojas que flotaban en la superficie de la piscina. Una vez por semana debía comprobar el pH del agua con un analizador colorimétrico y asegurarme de que el nivel se mantenía en torno a 7,4.

Pero sobre todo nos bañábamos.

De vez en cuando competíamos a hacer largos. El estilo espalda de Victoire era fascinante, los movimientos de sus brazos recordaban a los de una patinadora. Cuando afloraba en la superficie, me daba la impresión de que podía emprender el vuelo. Desaparecer en el infinito azul. Abandonarme. Entonces me sumergía para atraparle los pies, para aferrarla a mí. Ella gritaba, fingía asustarse. Y su risa volaba muy alto antes de caer de nuevo en mi corazón. La atraía hacia las profundidades transparentes. Quería hundirme, hundirme con ella en un descenso sin fin, como en *Abyss,* y encontrar ese lugar, ese paraíso donde todo perdón es posible. Pero siempre acabábamos volviendo a la superficie. Al borde de la asfixia. Aterrorizados pero vivos.

Cómo me habría gustado morir con ella ese verano...

En ocasiones jugábamos con la pelota, pero su torpeza solía enviarla al fondo del jardín y me veía obligado a salir del agua para recuperarla. Ella me seguía con la mirada mofándose de mí, y yo me apresuraba a zambullirme de nuevo en la piscina, desplazando una impresionante cantidad de agua con el fin de impresionarla. Victoire alzaba los ojos al cielo, como resignada. Tenía los ojos rojos, como los de las mujeres que lloran. Las mujeres a punto de perderse. Su cabello rizado y mojado trazaba una corona sobre su frente.

Era mi princesa.

—Un día dejaré que me beses —murmuró una tarde, antes de alcanzar la escalerilla de la piscina con leves brazadas que dibujaban un camino de luz.

Tendidos el uno contra el otro en la zona de madera que rodeaba la piscina, dejábamos que los rayos del sol nos secaran. Ella llevaba biquini; la parte de arriba, sugerente, ocultaba dos suaves abultamientos, y cuando se la quitaba para ponerse el vestido, me ordenaba que me diese la vuelta y me hacía jurar que no miraría. Si lo haces te mato, y te odiaré toda mi vida. Y yo reía muy alto y mi risa la ponía nerviosa mientras huía dejándome allí, solo, en el jardín. En nuestro Edén.

Donde se ocultaba la serpiente.

Mi madre se preocupaba.

Habría preferido que tuviera amigos de mi edad, chavales, verme las rodillas ensangrentadas al volver a casa por haberme peleado; las mejillas coloradas por haber corrido demasiado y oír mi taquicardia como un alegre redoble de tambor. Habría querido camisetas rasgadas, cabañas en los árboles, caídas, astillas, clavos oxidados, ambulancias, sustos de madre y resurrecciones.

Habría deseado para mí una adolescencia áspera. Viril. Velluda. Temía que la falta de padre me convirtiera en un blandengue. Me apuntó a yudo, pero tras una mala caída por un *kuchiki-taoshi*, renuncié. Me inscribió en el club de fútbol juvenil, pero mi incompetencia me relegó al banquillo.

Por entonces era un niño que hablaba poco. Desconfiaba de la brutalidad, desconfiaba de los demás. De la violencia que salía disparada a la velocidad de un insulto. De los escupitajos, de la suciedad. De todo aquello que humillaba.

Los muchachos no me interesaban. Prefería la dulzura del silencio, la manera delicada que tenían las chicas de susurrarse secretos, de ruborizarse mientras diseñaban el mundo, de tejer sus entramados. Me atraían esos misterios.

A veces mis compañeros de clase se burlaban de mí, me empujaban por los pasillos, por la escalera. Un día, uno de ellos se atrevió a llamarme *Louise*, lo cual me hirió. Otro, un grandullón, trató de liarse a puñetazos. ¡Pelea! ¡Pelea si eres hombre! ¡Vamos! Me encogí de hombros, pero él me embistió con todo su peso. Sonaron risas malévolas, pero no me caí. Ni lloré. Me limité a protegerme el rostro. Mi madre no debía ver mi vergüenza, ni preocuparse, ni invocar al difunto cuya dolorosa ausencia me permitía ver la invisible belleza de las cosas.

Más tarde, cuando Victoire ya no estuviera a mi lado, me arrojaría a la melé de los hombres en los terrenos de juego. Me vendría abajo por efecto de los golpes que aniquilan la ternura y la imprecisa dulzura de los sentimientos. Y todas las veces rogaría por que esa parte de mi infancia se hiciera añicos y fuese destruida por completo.

Sin embargo, la violencia no prevalece sobre todas las cosas.

—No puedes pasar tanto tiempo con Victoire —repetía mi madre—, esas cosas no se hacen. Te recuerdo que todavía es una niña y tú ya eres casi un hombre.

—Tengo quince años, mamá. No me dirás que es una edad de hombre.

—Tuve un hermano, sé lo que es eso. Necesitas amigos.

—Ella es mi amiga.

—Pero ¿se puede saber qué hacéis todo el santo día juntos?

—Espero.

Esperaba a que ella creciera, mamá. Esperaba a que pudiese apoyar la cabeza en mi hombro. Esperaba a que su boca temblara cuando me acercase a ella. Esperaba esos aromas mareantes que dicen: ven, ahora puedes unirte a mí, perderte en mí, abrasarte. Esperaba poder decirle las palabras que no tienen vuelta atrás. Esas palabras que labran el camino de una vida compartida. De la alegría. Y a veces de la tragedia.

Esperaba a que ella me esperase, mamá. A que me diera el sí. Sí, Louis, llevaré tu alianza de hierbas y seré tuya.

—Espero.

Entonces mi madre me estrechaba entre sus brazos, me oprimía hasta asfixiarme a fin de hacerme entrar de nuevo en ella como en la época en que éramos tres, en que nada malo podía ocurrir, ni corazones rotos ni coches rojos.

—Eres como él, Louis. Eres como tu padre.

El último 14 de julio del siglo, el banquero llevó a su poetisa y a su hija a la orilla del mar.

Y Victoire me invitó.

Dos horas de coche y nos habíamos plantado en Le Touquet.

El dique era un hervidero de gente. Bicicletas, *skates*, patinetes, cochecitos y coches a pedales. Gritos. Algodón de azúcar. *Crêpes* y gofres chorreantes de Nutella. Recuerdo una felicidad edulcorada de tres al cuarto. Chubasqueros de colores claros sobre la piel desnuda, la arena que revoloteaba y escocía en los ojos. Vacaciones mal pagadas. Tiritonas de pobre.

En la playa, aquí y allá, pequeños biombos de tela para protegerse del viento. Familias apretujadas con el fin de no salir volando. Y de calentarse cuando el sol desaparecía.

A pocos metros de allí, constructores de siete u ocho años llenaban cubos de arena húmeda para edificar torrecillas y torreones, sueños quebradizos que no alcanzarían ninguna estrella, hasta que apareciera el cansancio y la cólera, que obligaba a aplastarlo todo. A lo lejos, varios carros a vela corrían por la orilla, y jinetes tranquilos cabalgaban al paso.

Más cerca, una pareja de cincuentones —él con un falso aire a lo Yves Montand en *Ella, yo y el otro*— se besaban en la boca, con el impudor y la avidez de una adolescencia insaciable, ante las miradas reprobatorias y, en ocasiones, envidiosas, de los padres de familia de su misma edad y de algunas almas solitarias.

Nos instalamos en la playa, a la altura de la avenida de Louison-Bobet.

—Por aquí no hay tanta gente —decretó la poetisa—. Podré leer más a gusto.

El banquero plantó una gran sombrilla amarilla en la arena a fin de proteger la delicada piel de su lectora; luego desplegó dos sillas Trigano de tela azul que parecían dos charcos de agua, y se sentaron. De repente parecían dos viejecitos. Ella miraba las palabras de su libro. Él miraba el mar. Sus miradas dejaron de cruzarse. Las desilusiones habían ganado, aniquilando el deseo.

Victoire me agarró de la mano y nos alejamos gritando. ¡Vamos a dar una vuelta, ahora venimos! Corrimos hacia el golf, hacia las dunas, allí donde los niños pueden escapar de la vigilancia. Y en un rincón, al abrigo de todo, nos tendimos lado a lado sin soltarnos la mano. Jadeábamos al unísono, y yo imaginaba que, llegado el momento, nuestros corazones latirían a la misma velocidad. Temblaba.

Luego, lentamente, nuestra respiración se apaciguó.

—¿Te das cuenta de que tal vez dentro de seis meses llegue el fin del mundo y quizá muramos todos? —dijo ella.

Sonreí.

—Es posible.

—¡El fin del mundo! El fin de ti, de mí, el fin del chiste tonto de mi padre con mi nombre de pila; ¡el fin, el fin, el fin! En todo caso, hay gente que lo ha anunciado. E incluso los hay que preparan su última Nochevieja en un desierto, por ejemplo. Menuda estupidez.

—A mí no me lo parece.

—¿Qué harías tú si llegara el fin del mundo?

Me ruboricé ligeramente.

—No lo sé, pero no creo que llegue el fin del mundo.

—Lo dices porque estás enamorado de mí y, si *realmente* llegara el fin del mundo, habrías estado enamorado por nada.

—En absoluto. Soy muy feliz contigo así, muy feliz tal como estamos.

—¿Ni siquiera querrías besarme?

El corazón se me aceleró.

Por supuesto que quería besarte entonces, Victoire, y tocarte, y acariciarte, y atreverme a hacer gestos temerarios, y hablarte de mi larga espera de ti, de mi corazón que retumbaba todas las noches, de mis manos que temblaban cuando tocaban mi piel al imaginar que se trataba de la tuya, de mis dedos que soñaban con tus labios como un fruto maduro, con esa boca hambrienta y cruel que a veces insinuaba un vocabulario de mujer. Una impetuosidad de mujer.

No obstante, los grandes amantes son, a su vez, grandes tímidos.

—Sí —dije finalmente—. Sí. Y si llegara el fin del mundo, ese sería mi último deseo.

—¿Cuál?

—Besarte.

Una risita cantarina surgió de ella. Un cascabel.

—¡Pues ahí va!

Se volvió con viveza. Su boca aplastó la mía, nuestros dientes entrechocaron, nuestras lenguas se probaron un segundo, estaban saladas, cálidas, y luego todo acabó; ella ya estaba de pie y reía.

—¡Tampoco se acaba el mundo por un beso!

Después desapareció detrás de la duna de arena, revoloteando como una pluma.

Y me entraron ganas de llorar.

La reencontré en la playa. El mar empezaba a retirarse. Victoire subía hacia la arena, donde sus padres ya no esperaban nada. Traídos por el viento, los ridículos gritos de las gaviotas se burlaban de mí. Cuando estuve a su altura me miró, su sonrisa era triste y dulce.

—No sé si estoy enamorada de ti, Louis, aunque me siento bien a tu lado. Amar significa poder morir por alguien. Es cuando te pican las manos, te arden los ojos y dejas de tener hambre. Y a mí no me pican las manos contigo.

Su infancia me estaba matando.

No lejos del banquero y de la lectora, dos viejecitos intentaban entre risas extender la toalla de playa sobre la arena, pese al viento y a sus manos anquilosadas.

Al mirarlos, nos imaginaba a Victoire y a mí, al final de una vida compartida, de una odisea magnífica; nos marchábamos de aquí abrazados sobre una motocicleta para volver, medio siglo después, al lugar de nuestro primer beso e intentar extender juntos una toalla de playa.

Pero Victoire corrió al encuentro de un mundo sin mí. Sin mi amor paciente. Sin mi impaciente deseo.

Ella fue mi primer desamor. Y también el último.

A mi regreso de Le Touquet, mi madre estaba preocupada.

Las madres son brujas. Saben los destrozos que las chicas pueden provocar en el corazón de sus hijos. Permaneció allí, a mi lado, por si acaso.

Y cuando una noche mis lágrimas brotaron, me estrechó contra su pecho, como antes, en la época de la desgracia del coche rojo. Sus cálidos y dulces brazos acogieron mis primeras lágrimas, las que hacen la vida más preciada, me explicó entonces, las que celebraban mi entrada en el mundo de los adultos. Mi bautismo.

Victoire me esperaba.

Estaba sentada en el borde de la piscina de los Delalande, con los pies en el agua. Dos pececillos rosados.

Llevaba una camisola blanca sobre el biquini y unas gafas al estilo de las de Audrey Hepburn que le daban un aire de adulta en miniatura. Por primera vez llevaba las uñas pintadas, diez gotitas de sangre centelleantes. En su cuello percibí una nota de almizcle, de vainilla, una pizca de neroli, el perfume que usaban las mujeres de Lille de los barrios elegantes y algunas chicas excesivas que vivían detrás de la estación.

Tomé asiento a su lado y, al igual que ella, arrojé al agua mis dos torpes peces. Nadaron un momento describiendo círculos, como los de Victoire. Luego, a medida que estos se ensanchaban, nuestros pececillos curiosos se rozaban, se tocaban en un delicioso ballet acuático. Me las arreglé para que los míos acariciaran los suyos, se acoplaran un instante en la intimidad del agua. Ella sonrió. Yo agaché la cabeza y le devolví la sonrisa.

Las partes de nuestro cuerpo más distantes del corazón trababan amistad.

Me atreví con el lenguaje de los dedos: acerqué mi mano a la suya a la velocidad pausada de cinco culebrillas; y cuando mi meñique rozó el suyo, su mano dio un brinco, como un saltamontes a punto de ser engullido, y aterrizó en su vientre, en el calor de su vientre; tuve la sensación de que a nuestro alrededor se hacía el silencio por un instante, como en el cine antes de una escena de terror.

La miré. Levantó su lindo rostro. Sus ojos me evitaban. Habló con voz grave.

—Ya no puedo jugar a *Tiburón* contigo, Louis. Ni a esa bobada del waterpolo, aunque me divierta que hagas la bomba para impresionarme.

—Yo…

—Ya no soy una niña —me interrumpió imitando a las señoras que acudían a escuchar los poemas y comer los pasteles de su madre—. Se acabó eso de qué monada de chiquilla. Y además, tú…, tú…

Entonces sacó con presteza sus dos pececillos del agua y dobló las piernas contra el cuerpo con un movimiento que se me antojó de una perfección poco común. Y comprendí.

Lo que debía unirnos nos desunía.

Un hilillo de sangre nos arrancaba al uno del otro.

Me embargó la sensación de que en aquel momento me obligaba a salir de ella, yo que jamás había entrado, que había permanecido a la espera, paciente y resignado, en la antesala de su corazón.

Cuando guardó silencio, no me quedaban fuerzas para pronunciar la menor palabra, para mostrar cólera alguna. Yo, el desgarbado de quince años, el enamorado sin palabras de amor, el soñador sin carne, descubría la aflicción, la inmensa aflicción, la que cantaba Sylvie Vartan:

On était des enfants
Notre peine valait bien celle des grands.
[«Éramos niños / nuestra pena era equiparable
a la de los adultos».]

Deseé que empujaran mi cuerpo a la piscina, que se hundiera, que el agua me entrase por la boca, la nariz y los oídos, que me absorbiera, que me engullese. Deseé yacer muerto a los pies de mi princesa, yo, a quien su primera sangre sumergía y ahogaba.

Me levanté. Dios, cómo me pesaba el cuerpo. Acababa de perder la gracia de la infancia.

Agarré la barredera y me puse a limpiar la superficie del agua. Recogí una hoja de ciruelo, pétalos de rosa, varios insectos moribundos y mis sueños.

Todos mis sueños.

Poco después Victoire se levantó a su vez para rodear la piscina y reunirse conmigo. Se pegó a mi espalda. Sus brazos me rodearon el torso, como sin duda habría hecho montada en la Azul si hubiéramos circulado juntos hacia esa vida compartida. Hacia esas mañanas que son una bendición. Permanecimos así un buen rato. Nuestros cuerpos respiraban al mismo ritmo, ya solo éramos uno. *Victoirelouis. Louisvictoire. Ellayyo.* Un instante de dicha perfecta. Insumergible. Un recuerdo para toda una vida.

Por fin comprendía a mi madre.

Luego, lentamente, como se retira el agua, sus brazos se aflojaron y las diez gotas de sangre se volatilizaron. Me plantó un beso en la espalda. Y eso fue todo. Entonces me embargó un vacío inmenso, y cuando se alejó, murmuré mi primer juramento de hombre:

—Voy a crecer deprisa, te lo prometo. Y cuando vuelva, pronunciaré las palabras que son capaces de enamorar a una mujer.

Finales de julio, los veraneantes se han marchado. Sainghin se queda vacío.

Los que llevaban mucho tiempo sin veranear se encontraban en la barra de los cafés, que era su muelle, su puerta de embarque. Citaban a Jacques Audiard: «También yo bebía de vez en cuando. Lo cual me enviaba bastante más lejos que a España. Al Yangtsé, ¿han oído hablar del Yangtsé? ¡Ocupa un gran espacio en una habitación, se lo aseguro!».

El 31 de julio se produjo un robo en la alameda de la Seigneurie, pero el ladrón —o los ladrones— solo se llevó una cómoda Luis XV. La Policía atribuyó el hurto a una venganza familiar, una herencia en litigio, al amor mal repartido.

Mi madre planeaba invitar al banquero y a la poetisa a fin de agradecerles que me hubieran llevado a Le Touquet el último 14 de julio del siglo. Mientras ella imaginaba una barbacoa en el jardín, regada con un buen rosado —el buen rosado pone a todo el mundo de buen humor—, yo trataba de disuadirla.

—No es buena idea, mamá, su madre está enferma, tiene problemas de salud, no puede comer carne. Le envenena la sangre.

—Entonces verduras, verduras asadas, eso le sienta bien a todo el mundo.

—Déjalo, mamá, por favor. Victoire y yo ya no nos vemos tanto.

—Ah, menos mal. Me preguntaba cuándo pensabas hablarme de ello. Las madres tenemos más ojos que nadie. Veo con claridad que andas cabizbajo, por la mañana estás ojeroso. Ya te dije que tenías derecho a llorar. Las lágrimas limpian, ahogan el dolor.

Entonces se esforzó por ahogar mi dolor en el recuerdo de su gran encuentro.

—No me sentía en absoluto atraída por tu padre, figúrate. Y aunque yo le gustaba bastante, no despertaba mi interés. Hasta cuando me hacía la corte resultaba soso: una invitación a tomar café, a pasear a orillas del Deûle, a ver una vieja película de Truffaut, me encantaba *Jules et Jim,* o a escuchar los discos de las Ronettes en su cuarto de estudiante. Yo tenía diecinueve años, soñaba con lo inesperado, como todas las chicas. Soñaba con que me forzaran, con que me raptasen. Me atraía un rubio alto con gafas que quería ser escritor. Nos cruzábamos en la terraza de un café, donde él emborronaba cuadernos enteros. Pero no tardé en darme cuenta de que a los escritores solo les gusta lo que escriben, y únicamente las mujeres de sus libros; aunque, al final, en nombre de su pequeña tragedia presuntuosa, siempre se deshagan de ellas. Estaba convencida de que me quedaría soltera.

Y entonces empecé a recibir flores. Aunque ignoraba de quién. Cada día una flor diferente. Al principio, eso de una flor distinta diaria me parecía una estupidez. Un lirio. Una rosa. Una peonía. Una dalia. Y el último día recibí un libro sobre el lenguaje de las flores. Consulté el sentido de todas las que me había enviado: cada una constituía por sí sola una declaración de amor. Así fue como tu padre empezó a robarme el corazón. Y cuando vino a buscarme a la puerta de casa con su viejo Alfa Romeo rojo, que él adoraba, me dejé atrapar. Me senté a su lado y supe que había llegado. Por fin estaba donde debía estar, pegada a él. *Élyyo*. El día que murió se dirigía a comprar flores para celebrar nuestro quinto aniversario.

Aquellas flores. Mi herencia.

Hacía mucho calor.

El supermercado 8 à Huit había empezado a vender piscinas hinchables —cosa jamás vista en Sainghin-en-Mélantois, donde llueve unos ciento cincuenta días al año—, a precio de oro, todo hay que decirlo. La gente se quejaba del calor, la gente se queja siempre, no sospechaban el verano que los aguardaba en 2003. Los quince mil muertos.

Me pasaba los días en la piscina del vecino, tumbado en una colchoneta con cutres dibujos de tortugas. Los niveles de cloro y de sal eran perfectos. La vida era perfecta.

Pero lo perfecto nunca dura.

De pronto percibí la sombra. El frescor de la sombra. Creyendo que una nube acababa de tapar el sol, abrí un ojo. Allí estaba Gabriel. Inmenso, guapo y bronceado. Me miraba sonriente. Traté de sentarme, pero caí miserablemente al agua. Gabriel prorrumpió en carcajadas, también su risa era bonita.

—Veo que te ocupas bien de mi piscina.

—Está impecable, señor.

—Gabriel.

—Gabriel. ¿Ya están de vuelta? Se suponía que no regresaban hasta principios de septiembre.

Me tendió la mano cuando me acerqué a la orilla. Me aferré a ella. Me aupó con la fuerza de un padre.

—Yo estoy de vuelta. He vuelto solo. Ella se ha ido.

¿Su mujer había sido arrastrada por los intensos vientos vascos? ¿Por el viento loco? ¿Por una ola embravecida, posesiva? Por un instante fantaseé con que él la había empujado. Una mujer no abandona a un hombre tan guapo. Me estremecí y agarré la toalla para secarme. Él se encogió de hombros.

—Son cosas que pasan.

Lo sé, me dije. Las mujeres nos dejan.

Me dio el dinero que me debía. Lamentablemente, su prematuro regreso me hacía perder quince días de sueldo, con lo que no podría comprar la Azul y sustituir el largo sillín de dos plazas por un sillín único.

Al ver mi decepción, me propuso que siguiera ocupándome de la piscina.

—Hasta que empiecen las clases, si quieres.

35

En lo sucesivo me pasé la mayor parte del día en casa.

Por la mañana leía cómics a la sombra de un árbol. Mi madre se iniciaba en las reglas de la contabilidad fumando –la nicotina ayuda, es buena para la concentración, decía–. Ambos formábamos una parejita apacible, carente de ilusiones. A la hora de comer iba a ocuparme de la piscina de Gabriel. Después salía de paseo hacia el monte de las Tumbas, adonde antes íbamos Victoire y yo, cuando dejábamos las bicicletas junto al camino para correr hasta el célebre túmulo. Imaginábamos a los muertos que yacían allí desde hacía más de dos mil años, el polvo que quedaría de ellos; inventábamos sus historias y, a través de sus vidas imaginarias, intentábamos escribir la nuestra.

Luego volvía, todavía más triste.

«Es el silencio lo que más se nota», cantaba Cabrel en *Hors Saison*.

Por la noche, sumido en ese «silencio que más se nota», siempre pensaba en ella.

Y como le ocurre a la gente cuando muere, repasaba ante mis ojos la película de nuestra breve vida: las promesas, los temores infantiles, que se convierten en la carne misma del deseo cuando uno crece, las risas, que tenían la levedad de los cuerpos enamorados, todos los sueños que uno concibe a solas para dos. Había soñado con cosas que ella no me tenía reservadas. Había sido un hermano, un amigo, un amante de pacotilla, hasta la llegada de la maldita sangre. Había sido un confidente, jamás un corazón posible.

Intenté encontrar una frase que hubiera podido escribirle con las flores de mi padre, pero me faltaban las palabras.

Fue para poder obsequiárselas un día por lo que, llegado a adulto, quise ser escritor. Mi pequeña victoria.

El martes 10 de agosto de ese mismo verano, mientras atrapaba un pájaro muerto que flotaba en la superficie del agua, con las pequeñas alas desplegadas en una extraña postura, Gabriel me hizo una seña desde la ventana del salón.

No estaba solo. Pero tampoco estaba con su mujer. No había vuelto. No. Se trataba ya de otra. Un hombre tan guapo nunca permanece solo mucho tiempo. Esta tenía rizos rubios, cuyo brillo trigueño me recordaba al de los de Victoire. Él estaba plantado frente a ella; hablaba y hablaba, y de vez en cuando, con un delicioso movimiento de lasitud, la pequeña cabeza rubia se inclinaba a un lado.

El miércoles 11 de agosto, hacia las cuatro de la tarde, descubrí a Victoire tumbada boca abajo junto a la piscina, sobre una gran toalla blanca. No se sobresaltó cuando oyó mis pasos sobre las planchas de madera. Su espalda desnuda, reluciente de aceite solar, tenía el mismo color dorado de los *brioches*. Su piel debía de estar terriblemente caliente. El corazón se me aceleró, mis demonios nocturnos se agitaron. Ella volvió lentamente el rostro hacia el ruido de mis pasos, como si me aguardara, me esperase; lentamente, como si no quisiera desvelar su sonrisa demasiado pronto, confesar la dulzura embriagadora de la espera, su placer. Sin embargo, en cuanto me reconoció, un grito brotó de su garganta. De espanto mezclado con rabia.

—¿Se puede saber qué haces aquí? —preguntó al tiempo que se incorporaba con expresión malévola, ocultando sus incipientes senos en el algodón blanco con ademán de prestidigitadora.

—Y tú, ¿qué estás haciendo aquí?

—Hago lo que me da la gana —soltó molesta.

—¡Aquí no tienes nada que hacer!

—¡Eres tú quien no tiene nada que hacer aquí!

—¡Te recuerdo que me encargo del mantenimiento de la piscina!

—¡Y yo te comunico, ya que quieres saberlo todo, que Gabriel me ha dado permiso para venir cuando quiera, esté él o no!

Se puso de pie con brusquedad y, aunque yo le sacaba treinta centímetros, me miró de arriba abajo con la aterradora arrogancia que más tarde encontraría en la mirada de algunas mujeres, de esas a las que les gusta jugar con fuego, como en su momento comprendería. Y sobre todo quemarse con él.

—¡No entiendes nada! —me soltó mientras recogía la parte de arriba del biquini—. ¡Nada de nada!

Y desapareció.

El jueves 12 de agosto volví a la piscina, a la misma hora, confiando en encontrarla allí y hacerle olvidar mi ingenuidad de la víspera.

Por fin lo había entendido.

Ese verano, en el espacio de pocas horas, la Victoire de trece años que había inflamado mi corazón, había dado paso a la Victoire de trece años que en lo sucesivo inflamaría los cuerpos. El mío, pero también el de todos los demás.

Su despertar iba a estimular todos los apetitos.

Esa tarde había decidido sentarme a tu lado en la playa de madera. Acariciarte la espalda, las piernas y la nuca, dejar a un lado la anestésica dulzura de los sentimientos. Pensaba entrar sin llamar, Victoire. Iba a ser tu raptor, como decía mi madre, adquirir esa cualidad de los hombres que quieren conquistar a las mujeres. Me disponía a ser un golfo, un amante.

Sin embargo, el jardín estaba desierto. Te estuve esperando. No viniste. Y deseé morir.

De manera que llevé a cabo mi tarea con rapidez —el agua estaba limpia, sin hojas, sin pájaros, sin sirena dorada— y volví a casa.

A media tarde mi madre me pidió que le preguntara las depreciaciones de un activo no amortizable, el modelo del TFR* y el artículo R.123-179. Le puse un 10, y para celebrarlo fuimos a cenar a Lille, a La Cave aux Fioles: endivias gratinadas, helados de achicoria y de jarabe de enebro. Mi madre estaba guapa, dos hombres la miraron, uno de ellos me sonrió y nosotros nos echamos a reír. *Ella y yo.* Yo era al mismo tiempo mi padre y yo mismo. Era su orgullo. No me habló de Victoire, sino más

---

* El Tarif Forfaitaire de Responsabilité (TFR) es una tarifa de referencia establecida por el equivalente a la Seguridad Social francesa. Corresponde al coste del medicamento genérico al precio más bajo, y se aplica con el fin de reducir los gastos de la salud pública. *(N. de la T.)*

bien de lo que me esperaba al empezar el curso dentro de pocas semanas —un nuevo instituto, nuevos amigos, nuevas asignaturas—; se mostraba confiada.

—¿Y qué harás cuando ya no esté a tu lado?
Sonrió.
—Gracias, cariño, pero no debes preocuparte por mí, tu padre me dejó felicidad suficiente para toda una vida.

Al día siguiente vislumbré de nuevo la silueta femenina en el salón. Los reflejos en el cristal me la ocultaban. Gabriel estaba sentado frente a ella. Me pareció que intentaba convencerla de algo.
Pero la cabeza rubia decía que no, obstinadamente que no. Un metrónomo dorado.

El sábado 14 de agosto oí la voz de Gabriel antes incluso de verlo. Estaba fuera. Vociferaba haciendo grandes aspavientos. Cuando lo divisé, estuve a punto de atragantarme: Victoire estaba plantada frente a él. Completamente desnuda. La abofeteó. Ella lo miró de arriba abajo un instante, antes de recoger sus cosas y huir deshecha en lágrimas, al tiempo que gritaba a su vez: ¡No entiende nada! ¡No entiende nada! Y cuando Gabriel comprendió que los había visto, gritó mi nombre, me gritó: ¡Ven! ¡Vuelve, Louis! Pero también yo emprendí la huida. ¡Ven, no es lo que crees, Louis, no es en absoluto lo que crees! Y de mi garganta surgió el alarido: ¡Victoire! ¡Victoire! Se me quebró la voz, subió muy alto hacia el cielo, vertiginosa como el vuelo de una golondrina, para reunirse con mi amiga perdida.

Fuiste mi primer y mi último amor. Fuiste mi amor maldito, Victoire. Mi amor no correspondido.

El domingo por la mañana no ocurrió nada.

Ahora bien, por la tarde, el silencio algodonoso de los cuerpos tumbados en los jardines, embrutecidos por el alcohol del vino frío, blanco o rosado, bebido como si fuera agua, el sopor de los cuerpos paralizados por la agotadora digestión se vio rasgado por las sirenas de dos coches de policía, que sonaron con igual violencia que el disparo de un arma de fuego. Sorprendidos, mi madre y yo nos miramos. Las sirenas eran algo muy poco habitual en la zona; de vez en cuando el viento nos traía su desagradable discordancia desde la autopista, que quedaba al otro lado. Estas sonaban más fuerte, se aproximaban, estaban ya muy cerca. Y de pronto hicieron su aparición. Salí corriendo. Los dos coches frenaron en seco a pocos metros de nuestra casa. Cinco hombres saltaron de ellos, cerrando las portezuelas con un chasquido. Un segundo después llamaban a la puerta de Gabriel.

Este apareció por el jardín en bañador. Se estaba poniendo una camisa, cuando dos de los agentes lo agarraron cada uno por un brazo.

—¿Es usted Gabriel Delalande?

Pocos minutos después lo arrojaron al interior de uno de los vehículos, y salieron de estampida.

Mi boca se abrió, pero ningún grito salió de ella. El dolor permanecía en el interior. Mil lágrimas me hicieron trizas la garganta, el corazón, el vientre. Me pareció que mi sangre se volatilizaba, que mi vida se evaporaba. Mi madre corrió hacia mí y me retuvo. Empezaba a desplomarme, ella frenó mi caída.

Cuando comencé a resbalar, a escurrirme de sus brazos, impidió que la tierra me engullera por completo.

Como es natural, tardamos en enterarnos de lo que había ocurrido.

El insoportable silencio daba paso a las conjeturas más nauseabundas. Decían que Gabriel Delalande había abusado de una menor. Un hombre tan guapo siempre tiene hambre, os lo aseguro. Violada. Decían que pretendía raptarla. Un hombre del que en definitiva se sabía muy poco. Decían que Victoire se había cortado las venas con unas tijeras. Que había ingerido las píldoras que tomaba su madre —Valium, Mogadon, Prozac, Asaflow—. Una poetisa, daos cuenta, debería prestar atención a sus palabras, no a sus medicamentos, uf, vaya si es triste todo el asunto… Una chiquilla tan preciosa…

Y así sucesivamente; todas las angustias de los unos, todos los miedos de los otros para conjurar la mala suerte. «Lo que tiene de bueno la desgracia —cantaba Léo Ferré— es que siempre le sobreviene a los demás.»

Yo asediaba la casa de Victoire. Pero los postigos permanecían obstinadamente cerrados. De vez en cuando se encendía una luz en su habitación. Ni siquiera el banquero salía ya. Me pasé allí plantado el lunes entero, y luego toda la noche, como un perrillo fiel que languidece junto a la tumba de su ama, un perro malo que no la había protegido, que no había podido salvarla.

El martes por la mañana mi madre vino a traerme un termo de chocolate caliente y dos cruasanes de mantequilla. Se sentó a mi lado en la hierba húmeda. Esbozó una sonrisita triste mientras me miraba fijamente. Pareces agotado, Louis. Inspiré hondo; me hice el duro: todo va bien, mamá, no estoy cansado. Me quemé los labios con el chocolate espumoso, tan reconfortante, devoré los cruasanes. Gabriel ha vuelto esta mañana, murmuró. Me sobresalté. Y Victoire ya está bien. No la tocó. Se limitó a darle una bofetada, como hacen los adultos cuando un niño comete una estupidez. Para marcar límites. ¿Una estupidez? La voz de mi madre era muy dulce, hablaba despacio. Quiso seducir a Gabriel. Sentirse deseada por él. Actuó tal como hacen las mujeres, con la promesa de su cuerpo. Mis promesas de embriaguez, de vértigo, que ella había preferido ofrecer a otro. Él se negó, como no podía ser menos. Trató de hacerla entrar en razón. Una vez, dos, tres, hasta llegar a la bofetada. Entonces ella volvió a su casa, furiosa y herida. Más tarde ingirió todos los comprimidos que encontró.

—¿Quería morir? —le pregunté muy mustio.

—No lo sé —respondió mi madre—. Tal vez quería matar algo en su interior.

Ese verano no volví a ver a Victoire.

Le escribí cartas que dejaba en su casa, pero jamás recibí respuesta. Ni siquiera estoy seguro de que se las hicieran llegar.

En septiembre, al empezar el curso, la matricularon en el instituto Monte Rosa de Suiza, cuyo lema era *In labor virtus,* y que preconizaba el respeto a las buenas maneras y al prójimo. El banquero dejó de subvencionar la poesía de su mujer y tuvo que pedir un préstamo para financiar ese exilio.

Gabriel Delalande había puesto en venta su casa. Yo me sublevé.

—¡No ha hecho usted nada malo!

—Siempre existirá la sombra de la duda —me dijo con una sonrisa cansada—. Y en la memoria de las gentes de aquí, con el tiempo una sombra se convierte en una amenaza.

Me revolvió el cabello, y descubrí que me gustaba ese gesto paternal.

—Ha sido un placer conocerte, Louis, eres un ser puro. Íntegro. Mantente fiel a ti mismo.

Nunca volvimos a vernos, pero de vez en cuando, cuando reviso *El fuego fatuo* o *La piscina*, evoco de nuevo su elegancia triste y siento nostalgia de sus gestos púdicos de padre sin hijos.

Mi madre tuvo varias entrevistas de trabajo; no la seleccionaron. Pasó por un período de desencanto. Miraba las fotografías de mi padre, se dio de nuevo al Martini y lloraba mucho.

Yo preparaba algo de cena. Después, cuando estaba demasiado cansada o demasiado bebida, le ayudaba a desnudarse y la acostaba. Siempre le contaba cómo me había ido el día, lo cual la tranquilizaba: al menos uno de nosotros seguía viviendo.

Nunca hablábamos de Victoire. No obstante, la echaba de menos. Echaba de menos nuestra infancia, nuestros sueños de una Azul, las mañanas de una vida compartida.

El tiempo pasaba, y yo seguía queriéndola.

Al verano siguiente –finalmente el fin del mundo no se había producido–, yo tenía ya pinta de hombre. Era alto y delgado. En el pueblo las chicas me miraban, me sonreían; algunos muchachos intentaron integrarme en su pandilla. Pero yo prefería la soledad.

Ese verano mi madre y yo nos disponíamos a viajar a Italia. Ella ya iba mejor. Había conseguido un puesto de cajera en el supermercado Auchan, en el centro comercial de Villeneuve-d'Ascq. Ya ves, decía sonriente y resignada, ¡para eso han servido mis clases de contabilidad! Quería a mi madre, era fuerte y débil a un tiempo, y me necesitaba. Tenía un sueño incumplido con Italia: ver Siena, la inmensa Piazza del Campo y su imponente Duomo, con mi padre, en la época anterior al potente coche italiano.

Ese verano volví a ver a Victoire. Un momento.

Ella y su hermana Pauline estaban cargando el maletero de un viejo coche. Le hice una seña. Me miró. También ella había crecido; la mujer que llevaba dentro no estaba lejos. La encontré todavía más guapa, pese al maquillaje vulgar –párpados azules, labios demasiado rojos–, pese al chicle, pese a los *shorts* de denim deshilachados y ceñidos, tan cortos que la tela de los bolsillos asomaba por debajo, pese al desesperante parecido con su hermana.

Me devolvió el saludo. ¿Te vas de vacaciones? ¡A España! ¿Y tú? ¡A Italia! Nos reímos; estuvo bien. Inesperado. El momento pasó, entró en el coche, Pauline arrancó y eso fue todo.

De vez en cuando me acercaba a la casa de ladrillo naranja. La poetisa me servía un té inglés, hablábamos de que ya no escribía, y de ella, de la falta de ella.

A veces me daba noticias suyas, me leía una breve carta, me enseñaba orgullosa un boletín de notas. Un día me regaló una foto de Victoire hecha en Monte Rosa, con los verdes pastos y las Rochers-de-Naye a su espalda –un anuncio perfecto para un chocolate con leche–. Acababa de cumplir dieciséis años, llevaba el pelo muy corto, sus esmeraldas centelleaban, su sonrisa era espléndida, dichosa. No pude contener las lágrimas.

Prometí a la poetisa llevarla de nuevo algún día con nosotros.

Hacía un año que Victoire ya no volvía a Sainghin. Prefería pasar las vacaciones en Suiza, en casa de sus amigas del internado, lejos del verano de su vergüenza. Yo le escribía cartas de vez en cuando, que se convertían en cartas muertas.

–Relaciónate con chicas, enamórate, olvida el pasado, olvídala –me suplicaba mi madre.

Yo sonreía.

–Muy propio de ti decir eso, señora de un único amor.

Cuando terminé el bachillerato, al año siguiente, entré en la Facultad de Letras Modernas en Lille-III. Buscaba en Baudelaire, Breton, Ionesco y Michelet la gracia de las palabras que había prometido a Victoire. Las que habrían de enamorarla.

Finalmente, el 14 de abril de 2004, el día en que ella cumplía los dieciocho, hice que le entregaran, en el piso que ahora compartía con otra chica en Chambéry, una flor cada día.

Yo tenía veinte años. La edad de mi padre.

Un flox blanco: «esta es mi declaración de amor». Un bonetero: «llevo tu imagen grabada en el corazón». Una pimpinela: «eres mi único amor». Una rosa silvestre: «te seguiré a donde vayas». Un tulipán jaspeado: «tus ojos son espléndidos». Un lirio malva: «tus ojos me enloquecen». Un crisantemo rojo: «te quiero». Una camelia: «te querré siempre». Una rosa rosa: «eres tan hermosa…»

Y por último, doce rosas rojas: «¿quieres casarte conmigo?».

No recibí la menor respuesta.

Sin duda mis flores se habían marchitado ya. Victoire debía de haberse reído de lo lindo, mofándose del niño que había en mí, el cual aprisionaba al adulto y le impedía eclosionar.

De vez en cuando aún la oía: «Contigo las manos no me pican».

Se había marchado el verano de sus trece años. Llevándose consigo nuestra ligereza. Nuestras risas cantarinas. Mi indefectible amor. Y su primera sangre.

La esperé, pero mi paciencia tenía escaso peso frente a la fascinante brutalidad de los hombres. Había crecido sin mí. Se había vuelto guapa sin mí, con esa belleza que jamás es posible poseer por completo.

Había amado sin mí, gritado sin mí. Su cuerpo de mujer había despertado en brazos de otros hombres, raptores, saqueadores, amantes de verano que siempre abandonan su botín en los primeros días del otoño.

Mis últimas lágrimas impidieron que me secara del todo. Los duros golpes recibidos en los campos de deportes anestesiaron mi pena.

La busqué en otros brazos, el tiempo efímero de un olvido.

Me extravié en diversas ternuras. Me sumergí en similares halos de un rubio pálido que por la mañana pedían promesas que yo jamás hacía.

Entonces empecé a desconfiar de las flores, de la poesía, de la risa de las muchachas. Dejé de salir, todos los fines de semana volvía a Sainghin, y me convertí en un solterón. Un lastre que, en el fondo, sin duda tranquiliza a las madres.

La mía me enseñó una última cosa. Las penas de amor son en sí mismas una forma de amor.

Eugénie Guinoisseau

Supongo que el primer 14 de julio de mi vida, hace treinta y cinco años, ya estaba aquí, en esta playa.

Sin duda con un *body* rosa pálido, tumbada en una toalla mullida, bajo una pequeña sombrilla de colores, protegida del sol por una capa de pantalla total, y de los escasos himenópteros por una gasa de malla prieta. A los primogénitos siempre les toca pagar el pato por la ridícula dedicación de los padres inexpertos.

Mis veranos transcurrieron aquí, entre los doce kilómetros de playa elástica −a causa de las vastas mareas− y un pequeño apartamento húmedo, en la calle de París, que mi abuela había comprado en la época en que Le Touquet se llamaba todavía *Paris Plage*. Fui hija única. Encontraba a mis amigas de vacaciones en algunos libros y en películas, también entre las vecinas de mi edad, cuyos padres alquilaban un apartamento en el edificio para una sola temporada y nunca volvían. Aquí acumulé recuerdos de *crêpes* con Nutella, de fuertes vientos que arrastraban sombrillas y tumbonas y, de vez en cuando, del velo de las señoras que vivían allí todo el año; recuerdos de mujeres jóvenes en el dique, solas y tristes, agarradas a elegantes cochecitos, lejos de sus maridos, que se habían quedado en la oficina, en otra ciudad, propicia para nuevas tentaciones; recuerdos de zambullidas heladas, de risas locas con las vecinitas del quinto.

Sin olvidar los chocolates de Au Chat Bleu, ni el amplio mercado cubierto, los fines de semana, junto a la iglesia, con sus grandes tomates dulces y sus endivias crujientes.

Recuerdo la mayoría de los 14 de julio pasados aquí, 14 de julio festivos. Con la pasión de un actor y la precisión de un historiador, mi padre me narraba la arenga de Camille Desmoulins en el Palais-Royal, el 12 de julio de 1789, con el fin de incitar a la multitud a defenderse contra el probable regreso de la autoridad real tras la destitución de Jacques Necker. Me hablaba de las manifestaciones, de la viril intervención de un regimiento alemán en las Tullerías; me hablaba de «esa época tórmentosa, opresiva, sombría, como un sueño agitado y penoso»;* de aquella mañana del 14 de julio en que la multitud se dirigió a los Inválidos para exigir el acceso a las armas; me describía la manera en que los defensores de la Bastilla y de los Inválidos habían abierto fuego por primera vez, a primera hora de la tarde, contra el pueblo. Hacia las cinco de la tarde, la guarnición de la Bastilla se rindió con la promesa de que se los trataría correctamente, entonces los manifestantes se apoderaron de la Bastilla y liberaron a los prisioneros —debía de haber centenares, mientras que ellos no llegaban a siete, cuatro de los cuales falsarios—. Me hablaba de los inmensos malentendidos que forjan la historia, las casualidades que decapitan el curso de las cosas, y me hacía prometer que siempre sería libre.

---

* *Histoire de la Révolution française*, Jules Michelet.

¿Me oyes, Isabelle? Sí, papá. Y yo prometía palabras infinitas cuyo significado ignoraba.

Y entonces llegó ese 14 de julio en que papá no se reunió con nosotras. Varias semanas atrás le habían descubierto algo en el corazón; los resultados de las pruebas fueron malos. De manera que él lo silenció con la bala de una Browning.

Nunca he tenido mucha suerte con los hombres.

De Le Touquet guardo también el recuerdo, inolvidable en un primer momento y tan doloroso después, de mi primer beso de verano en la arena, detrás de las casetas de baño multicolor. Mi primer e inmenso embeleso, dos semanas de pura dicha, de ganas de morir todas las tardes, cuando nos veíamos obligados a separarnos; y nuestras noches, oh Dios mío, nuestras noches oscuras, lejos el uno del otro, que pasábamos escribiéndonos palabras nuevas, palabras audaces, aterradoras, que en ocasiones tenían el sabor de nuestras bocas, el deseo de nuestras manos, las vertiginosas metáforas de nuestra hambre. Jérôme. Pronuncio, por primera vez en mucho tiempo, estas sílabas enterradas en lo más hondo de mi ser. Jérôme. Y yo añadía *et tu as moi*. Y él se echaba a reír, *Jérôme et tu as moi.**

Cuántas veces me habré preguntado qué habría sido de nuestras vidas si hubiéramos seguido juntos, si hubiéramos tenido el valor de aferrarnos el uno al otro, contra viento y marea, si ese verano hubiésemos vencido la cobardía de las primeras veces; la última noche yo habría dicho

---

* Juego de palabras con las expresiones homófonas *et tu as moi,* «y me tienes», y *et tu à moi,* que podría traducirse libremente como «y eres mío». *(N. de la T.)*

que sí, y ese «sí» se habría erigido en mi mayor palabra de amor, pero él se limitó a abrazarme. Habría querido fundirme en ese abrazo, lo habría dado todo por que sus brazos me asfixiaran, pero me asfixiaran *de verdad*, a fin de que mi primer «sí» de mujer constituyese asimismo mi último aliento.

Tenía quince años y ya soñaba con morir de amor. Sin embargo, las mañanas son crueles, y los amaneceres, fríos.

Nunca he tenido mucha suerte con los hombres.

Al final de ese verano volví a nuestra horrible casa de Anstaing, cerca de Lille, donde mi padre había silenciado con una bala la cacofonía de su corazón. Me encontré de nuevo en aquel jardín en el que no me esperaban ni hermano ni hermana ni columpio, ni en lo sucesivo ninguna otra risa salvo la de nuestro fantasma. Reanudé una vida en la que mi madre se disponía a enseñarme que no es posible morir de amor. Esperé cartas de Jérôme que no llegaron, incienso, flores, canciones dedicadas en las ondas de la radio, regalos los 14 de julio, trucos de chamanes, cualquier cosa. Entonces, a la edad en que se supone que uno debe amar definitivamente, aprendí el silencio.

A los diecisiete años me entregué a otro Jérôme, pensando en él; y mi primera vez resultó glacial.

Varios años más tarde encontré marido. No os riáis. Por supuesto que era encantador. Incluso guapo. Con esa belleza que las mujeres percibimos en un hombre cuando tenemos hambre. Su mirada, su voz y sus palabras eran torpes; en definitiva, encerraba todas las trampas que alguien puede tender. Y tras varias noches de amor, algunas fiebres y otras dulzuras, violencias y bálsamos, me quedé embarazada. ¿A que las palabras tienen gracia? Una cae enamorada, se queda embarazada y finalmente vuelve a caer... desde lo alto.

Nunca he tenido mucha suerte con los hombres.

Y aquí estoy. Tengo treinta y cinco años. Un hijo de nueve, delicado y amable. Y una madre todavía joven y optimista, pese a la predicción de Paco Rabanne —que durante un tiempo fue su modisto favorito— sobre el fin del mundo el 31 de diciembre de 1999. Dentro de ciento setenta días exactamente.

Pese a todo se está planteando si no debería liquidar su seguro de vida. ¿Para qué conservarlo si todos vamos a desaparecer, se pregunta, en lugar de irse de juerga todos los días o al menos darse algún gusto a diario?

¿Y por qué tengo que volver al colegio en septiembre si en Navidad llega el fin del mundo?, pregunta Hector.

En cuanto a mí, ¿por qué no habré conocido una gran, inmensa y devoradora pasión antes de las cenizas?

Trabajo en un instituto profesional. Soy una especie de administradora —aunque ahora, según las nuevas directrices, hay que decir gestora adjunta—. Sé que me apodan La poli. A veces incluso me ascienden a maldita poli. Compro el material para la escuela. Me encargo de las licitaciones para el comedor. Me ocupo de que se redacten los dípticos y los pequeños folletos en los que nos presentamos, los cuales se depositan en pilas sobre las mesas en los salones de la enseñanza, las ferias de empleo y otros eventos dedicados a descubrir a los «futuros talentos», y acaban desperdigados por el suelo, dado que tirar un papel a una papelera se ha convertido en un gesto demasiado complicado. Superviso los horarios de algunos. Y la falta de delicadeza de otros, que confunden sin escrúpulos las reservas con un libre servicio gratuito, sobre todo en el período de la vuelta a las clases. Negocio las tarifas del teléfono, el precio de las resmas de papel, el papel higiénico, el jabón, los productos para limpiar el suelo, las escobas, los cubos, los ordenadores, los cartuchos de tinta, las llaves del diez, del doce y del catorce para los pequeños genios de la clase de mecánica; el champú para las aprendizas de peluquera, futuras Miss Francia todas ellas, así como las bombillas de bajo consumo.

No me gusta lo que hago.

Yo estaba hecha para las palabras, para las frases que transportan, para las alas que se despliegan. Estaba hecha para las cosas maravillosas de la vida; de esas vidas que acaban sin que lamentes nada.

En efecto, no me gusta lo que hago. Mis días tienen el aroma polvoriento y sofocante del tedio. Sin embargo, cuando el padre de Hector se marchó, con toda frialdad, sin llevarse nada, absolutamente nada —como si cuanto yo hubiera podido tocar, comprar, acariciar, leer, escuchar, codiciar, estuviera contaminado—, me vi obligada a buscar trabajo a toda prisa. A aceptar el primer puesto que me ofrecieran. Este.

Mi marido me había dejado.

Al levantarse, me sonrío, una sonrisa muy dulce, lo recuerdo bien. Una frase muy breve escapó de sus bonitos labios.

«Se acabó.»

Acto seguido se dirigió a la puerta de nuestra casa, ni

siquiera se llevó el abrigo pese al frío y la lluvia, y se largó. Dejó atrás nuestro coche sin volverse. Yo lo miraba petrificada, asesinada. Ni siquiera tuve fuerzas para soltar un grito. Para rebelarme. Para esbozar un gesto de aflicción. Luego su silueta se desvaneció, y permanecí largo rato mirando con fijeza el lugar donde se había volatilizado aquel que supuestamente debía amarme por siempre jamás, contra viento y marea, y al que había dado un hijo.

Pocos días después acudí a la comisaría para denunciar la desaparición de mi marido. Un hombre de cuarenta años. Moreno. Bastante guapo. Que esa mañana vestía pantalones beis y camisa blanca, creía recordar. No, ninguna señal especial. Sonrieron, aunque sin malevolencia, sencillamente a causa de tan tremenda banalidad.

La vergüenza me hizo bajar la vista.

Tampoco había reaparecido en su oficina, en el Crédit du Nord, en el número 8 de la plaza de Rihour, en Lille, donde su jefe me confesó que no sabía nada, que aquello constituía una nueva derrota para él, aunque no entendí a qué se refería.

Llamé a nuestros escasos amigos comunes, quienes tampoco tenían noticias. Algunos quisieron mostrarse tranquilizadores, pero, precisamente por eso, su optimismo resultó aún más aterrador.

Y luego el tiempo pasó y la esperanza de volver a verlo se desvaneció a su vez.

Así, me vi amputada de un cuerpo que nunca encontraron. Enterré nuestros años de vida en común en un féretro vacío. No hubo ninguna tumba junto a la que recogerme. Ninguna lápida donde grabar mi pesadumbre.

Hector se pasó el primer año tras la desaparición de su padre en casa de mi madre, porque yo lloraba todo el día. El hecho de que te abandonen sin saber por qué te vuelve loca. Porque dejar de ser la elegida, que renieguen de ti, supone un envilecimiento. Porque la hoja del cuchillo para carne me cortaba los antebrazos por la tarde, en la cocina, y los muslos por la noche, porque el dolor se me inscribía en la misma piel, y era locuaz, y no callaba, y era complicado.

Más adelante ahogué mis penas entre los brazos de varios hombres. Y mi desdicha con los hombres comenzó ahí.

Me perdía en aquellos que no pedían nada, que no hacían pregunta alguna sobre mi asentimiento ahora tan fácil, mi sexo tan fácil, mi boca tan fácil, sobre los surcos de palabras en mi piel, sobre mi tristeza, incluso cuando gozaba, y, por un breve instante, lo habría dado todo por que me partieran en dos.

Finalmente, Hector volvió a vivir conmigo. Continuó yendo al psicólogo una vez por semana, y sigue en ello. No hicimos el menor intento por comprender. Un día me dijo que su padre era como las estrellas fugaces: las veías y de repente dejabas de verlas; lo cual no significaba que hubiesen desaparecido por completo, que se hubieran borrado, no, seguían existiendo en alguna parte. En un mundo sin nosotros.

Volvimos a pintar la casa, cambiamos de dormitorio, quemamos algunos muebles y adquirimos otros, plantamos flores en el jardín: milenrama, que según mi hijo significa «remedio para un corazón roto», áloe, «pena», y muérdago, «supero todas las dificultades».

Y por fin volvió la risa. Un lento rayo de luz que estremecía las sombras. Volvimos a Le Touquet, y tratamos de ser una verdadera familia. La crepería de la calle

de Saint-Jean, los chocolates de Au Chat Bleu, los tobo-
ganes vertiginosos del Aqualud, la sopa de pescado de
Perard, los paseos en coche a pedales y las largas partidas
de Monopoly a media tarde, cuando el viento se levanta
y hace bambolear los rompeolas de los barcos.

Y llegó el último 14 de julio del siglo.

Llevaba más de dos horas bailando y me sentía aturdida.

Tant de baisers perdus
Par trop mangé, trop bu
Par trop fumé
[«Tantos besos perdidos / por haber comido demasiado,
bebido demasiado. / Por haber fumado demasiado.»]

Como había escrito Françoise Hardy.

En el dique, tras una prolongada ronda de canciones
rítmicas, la orquesta había atacado las primeras notas de
Hors Saison, el nuevo éxito de Cabrel. Algunos cuerpos
aprovechaban la languidez de la melodía para acercarse,
pegarse y fundirse, iniciando preliminares que excitarían
la piel, el sexo, antes de degustarse, de devorarse, en la fría
oscuridad de las dunas o en los húmedos dormitorios de
las viviendas alquiladas junto al mar.

Había bailado con varios hombres, pero no había permitido que ninguno se insinuara.

Y sin embargo, habría podido. Ya no tenía marido,
apenas el recuerdo de una desaparición dolorosa, y al
presente una sólida desconfianza en las promesas de los
hombres, así como la convicción de que solo la pasión
merece quemarse en el proceso, dado que el amor no

constituye sino una tibia invención para aquellos a quienes precisamente la pasión ignora.

Y sin embargo, habría podido. Mi hijo Hector estaba con mi madre en nuestro apartamento de la calle de Paris, sin duda en el balcón en aquel mismo momento, con una mantita ligera sobre las rodillas (conozco a mi madre) y un tazón de chocolate a sus pies, al acecho de los primeros fuegos artificiales. No me esperaban. Se acostarían después del chocolate y el Gran Final, con estrellas amarillas, rojas y verdes en los ojos.

Mi desdicha con los hombres me llevaba en ocasiones a seguir a algunos. A los que no hablaban, no pedían nada, jamás veían más allá de la hora siguiente; la carne pura y dura, la piel nueva, los muslos húmedos, mi callejón sin salida húmedo; las garras que laceran, las uñas que marcan, que escriben el miedo o el goce. Jamás una segunda vez. Tan solo el vértigo de la primera; ese lugar entre todos los posibles, el del impudor feroz y la desesperación voraz.

Me alejé de los que bailaban, dejé a mi espalda la música, y la letra melancólica del cantante de Lot-et-Garonne.

Une ville se fane
Dans les brouillards salés
La colère océane
Est trop près
[«Una ciudad se desdibuja / En las saladas brumas / La cólera oceánica / está demasiado próxima.»]

Encendí otro cigarrillo, el humo ascendía en la oscuridad, dibujando minúsculas nubes; las seguí con la vista hasta

63

que se desvanecieron, tal como sigues con la mirada, durante un rato, incluso después de que haya desaparecido, a alguien que te deja.

Caminé por la arena fría hacia el mar, con los zapatos en la mano. Se hallaba lejos, sin duda a varios kilómetros, pero su melopea sorda y repetitiva se me antojaba muy cercana. De niña me encantaba caminar hasta el mar por la noche. Una o dos veces, en compañía de las vecinitas de mi edificio, y contando con la benevolencia de una madre, tuvimos la sensación de ir al encuentro de un monstruo dormido.

Pero los monstruos nunca duermen. Precisamente, es por la noche cuando atrapan a las niñas y las desmiembran.

Los primeros rosetones multicolor florecieron en el cielo negro, más al norte, hacia Hardelot; el mar atrapaba algunos fragmentos efímeros, gotitas de esmeralda, de rubí, de aguamarina, que se disolvían apenas posadas en el agua.

Tenía escalofríos; el aire era frío y el viento del este se agitaba.

Avanzaba hacia el mar cuando de pronto, desde la playa de Le Touquet, empezaron a lanzar los primeros fuegos artificiales. El viento me traía los «oh» y «ah» infantiles y maravillados. Sonreí. Las cascadas rutilantes iluminaron la playa durante unos segundos, trazando el camino que me quedaba por recorrer hasta el agua. Recordé las zambullidas en las fauces del monstruo; salíamos de ellas azules y temblorosas, pero vivas.

Diez minutos más tarde, cuando se acercaba el Gran Final, un inmenso haz de estrellas doradas y plateadas me reveló fugazmente lo que me pareció ser un cuerpo, tendido, en la orilla del agua; un cuerpo como una roca oscura, inmóvil, incongruente.

De inmediato pensé en un juerguista derribado por el alcohol, que pretendía darse un baño a medianoche y a quien la embriaguez había acabado por vencer, abandonándolo allí, como un fardo inútil y perdido.

Me acerqué, prudente pero curiosa.

—¿Puede oírme?

En el cielo, un efímero haz de hilos de oro iluminó el cuerpo. Era el de un anciano que evocaba un árbol raquítico; las manos pálidas, casi violeta, los dedos hincados en la arena, como diez raicillas.

Me detuve a dos pasos de él y repetí:

—¿Puede oírme?

El cuerpo siguió sin moverse. Llevaba un pie cubierto por un calcetín, el otro estaba descalzo. Unos pantalones informes, pero visiblemente de buen corte. Una camisa blanca que valvas y otros filos habían rasgado. No se veía ningún barco en la lejanía, ninguna botella cerca de él. Di un paso más. Me arrodillé en el arenal frío. No me atrevía a tocarlo. Mi mano encontró un palo y con él le di golpecitos en el hombro. Cada vez más fuertes.

Chillé en el instante mismo en que él gruñó; un sonido viscoso, una piedra grasienta que se hunde, una garganta obstruida.

Entonces, el Gran Final de los fuegos artificiales me reveló su rostro. Mejillas hundidas, pómulos elegantes, aristocráticos. Su piel presentaba un feo color. Lo arrastré algo más lejos del agua. ¡Dios, cómo pesaba! Lo acosté de lado, le cubrí el pecho con mi chaqueta ligera y eché a correr hacia el dique, hacia las luces de la ciudad, hacia las canciones.

Corrí como una posesa.

Así pues, tal vez había salvado a un hombre. A un anciano.

Una vez en el dique pude avisar a los bomberos, y los tres o cuatro voluntarios que no estaban en el baile saltaron a su enorme camión y de paso me subieron a él con el fin de que les indicara dónde se encontraba el cuerpo. Este no se había movido. Ahora la marea ascendente le lamía los pies, y algunas olas alcanzaban sus rodillas.

Los bomberos saltaron del vehículo y sacaron el material de socorro, el destinado a mantener la respiración, la vida. Sus gestos eran tranquilos y precisos. En menos de dos minutos desnudaron al anciano y lo envolvieron con una manta de supervivencia; aplicaron una mascarilla de oxígeno a su rostro y conectaron un gotero a su carne azulada, malva en algunos puntos, como un encaje desgastado hasta la trama. Uno de los socorristas gritó en la radio, dando una serie de cifras, y todo pareció acelerarse. Capté que iban a enviar un helicóptero a recoger al anciano para llevarlo al hospital. Masajearon el corazón del ahogado. Trataban de hacerlo volver. Los bomberos mendigaban uno, dos, tres segundos de vida más. Vamos, vamos, por favor, quédese con nosotros. Quédese o se perderá el baile. Quédese, mañana hará buen tiempo. Cualquier cosa con tal de que se aferrase a la vida. El rugido del monstruo que iba engullendo la tierra apenas cubría las imprecaciones de los hombres, sus vanos esfuerzos. Y entonces, a lo lejos, se oyó otro rugido, terrorífico, del rotor del aparato. Rayos de luz como hojas de cuchillo barrieron la playa como si persiguieran a un fugitivo. Agitamos los brazos con desesperación y de pronto allí estaba, levantando un velo de arena, un polvo del desierto que nos arañó las mejillas, los brazos. Entonces todo se desarrolló muy deprisa. Se habría dicho un ballet, una tremolina infernal, una danza de guerra, un pequeño fin del mundo. Acto seguido el helicóptero despegó a toda velocidad, llevándose consigo el cuerpo moribundo, la esperanza de los socorristas y mis ganas de bailar.

Me devolvieron al dique, donde la perniciosa mezcla de alcohol y desesperación aún hacía agitarse a más de uno. La mayoría de los juerguistas habían vuelto a su casa, con el cuerpo salado, los ojos hinchados, el lastre de la soledad.

Uno de los bomberos me habló de hipotermia, de bradicardia, de congelaciones de grado medio; las probabilidades del anciano eran escasas, ahora se trataba de una cuestión de rapidez. Lo habían enviado al lugar más próximo, al instituto Calot-Hélio, en Berck-sur-Mer; en aquel momento se encontraba ya en urgencias, donde procedían a reanimarlo lentamente, y escuchaban, mesuraban el lenguaje extenuado de su cuerpo.

El enorme camión rojo de los bomberos se alejó y yo reemprendí el camino al apartamento.

En uno de los inmensos aparcamientos vi a una familia metiéndose en un coche; la hija se negaba a irse, no, un ratito más. Cuando su madre, una mujer frágil de piel de porcelana, gritó «¡ya basta!», la chiquilla, que no tendría ni catorce años, se encogió de hombros, ya con todo el desprecio de una amante herida, antes de subirse al vehículo. Sonreí. Qué lejos quedaba mi infancia… Qué lejos quedaba mi primer amor, lleno de promesas, henchido de posibilidades… Con todo, recordé que también yo había exhibido el mismo desprecio desengañado cuando aquella famosa noche volví a casa y le dije a mi madre: Se acabó, se marcha mañana, no volveré a verlo, me moriré. Ella murmuró para consolarme —porque el deber de una madre es consolar—: Nadie muere de amor, cariño, nadie. Eso solo ocurre en los libros, y además en los mediocres.

Entonces, mostré mi desprecio melancólico.

Hector dormía cuando llegué. Mi madre no. Estaba leyendo un libro en el que nadie moría de amor, en el que se esforzaban por vivir a toda costa. Me estaba esperando.

Más tarde, en mi pequeño dormitorio húmedo, bajo las sábanas, me acaricié. Y luego me mordí para no gritar.

Al amanecer del día siguiente me dirigí a Berck.

Quería recabar noticias de mi ahogado. Quería conocerlo, descubrir su rostro a plena luz, sin la arena pegada a la piel, que dibujaba sombras intimidatorias, historias inquietantes. Quería saber.

Me presenté en recepción. Las enfermeras eran amables. Mi ahogado dormía. Su estado era estable. El pronóstico vital ya no estaba comprometido. Fui a buscar un café a la ruidosa máquina expendedora del vestíbulo y me senté en un viejo sofá desgastado por tantas inquietudes, con una repentina sensación de fatiga, cual un pariente abrumado, resignado ya. La gente me miraba de reojo, al igual que yo miraba a los demás, que aguardaban a su vez, que esperaban, desesperados. Todos se hacían preguntas, acechaban los signos de un dolor más intenso que el suyo, una aflicción mayor que hiciera la suya soportable; todos hacían planes, y era como una plegaria: se prometían secretamente dejar de fumar o de beber o de mentir, estaban dispuestos a sacrificar una falange, un dedo, una semana de su vida, o dos, a cambio de una remisión, de un milagro.

Un jour, deux jours
Huit jours
Laissez-le moi
Encore un peu à moi
Le temps de s'adorer
De se le dire
Le temps
De se fabriquer des souvenirs
Mon Dieu, oh! Oui
Mon Dieu!
Laissez-le-moi
Remplir un peu ma vie!,

[«Un día, dos días / ocho días / déjamelo / déjalo un poco más a mi lado. / Solo el tiempo de adorarnos / de decírnoslo. / El tiempo de fabricar recuerdos. / Dios mío, ¡oh, sí, dios mío!, / déjamelo, / ¡deja que llene un poco mi vida!»]

Eso cantaba Piaf, pero nunca prestamos atención a la letra de las cancioncillas, ni siquiera cuando estas nos avisan.

En el preciso momento en que, tras haberme tomado el café, alargaba la mano para depositar el vasito, se me paró el corazón.

Después de aquella tarde del verano de nuestros quince años, nunca nos habíamos escrito. Jamás habíamos intentado recuperar el contacto. Ni volver a vernos. Nos habíamos separado sin promesas, sin lágrimas, sin declaraciones de amor, sin un último beso. Él se puso de pie, se sacudió la arena de los brazos, de los pantalones cortos, y se encaminó hacia la ciudad, sin volverse —los chicos nunca lo hacen, les daría demasiado miedo volver atrás—. Y yo no lo alcancé —nosotras no corremos tras un chico que se marcha, nos daría demasiado miedo que no volviera—.

Al volver a casa, mi madre me había dicho que nadie moría nunca de amor, pero yo me había negado a creerla.

Se me paró el corazón porque pese a los años, pese a la despiadada luz de los fluorescentes de hospital, que hunden las facciones hasta afear cualquier rostro, pese a la crueldad del tiempo, que afloja la silueta, pese a la fatiga, que enrojece los ojos, apaga la tez y resalta las ojeras, pese al desgaste, que vuelve pesado y lento el paso, supe que era él, allí, a pocos metros de mí, con su bata verde.

No grité. No me moví. Mi mano fue incapaz de depositar el vasito. Estaba petrificada. Perdida. Habría deseado una mirada, sin duda la de mi padre, que me dijera qué hacer, que me dijera cómo seguir siendo libre en aquel momento, cómo evitar que el pasado, las carencias, el silencio y todos los sueños ahogados me engulleran. Cómo mantener a distancia esa nostalgia que me destruye, que me envilece, porque ignora en quién me he convertido, sin ella, precisamente, sin ti, eh, *Madame Nostalgie*,* hermosa zorra.

Pero Jérôme se volvió y sonrió y caminó hacia mí, y mi corazón volvió a latir.

No sabíamos qué hacer, de manera que ni nos estrechamos la mano ni nos besamos. De inmediato me propuso tomar un café, y nos reímos cuando mi mano, fosilizada en torno al vasito, se animó de nuevo. Me levanté, dispuesta a seguirlo, cuando no me pedía nada. Pareces cansada. Devolví a su sitio un mechón rebelde; esta noche he salvado a un hombre. Él sonrió; yo también. Dio unos pasos, nos alejamos de los demás, de las miradas de reojo, de los suspiros doloridos; más allá, en un pasillo, posé la mano en su antebrazo, suave, muy suavemente, sin presión, sin palabra alguna, acaso para comprobar que sin duda se trataba de él, como uno se pellizca de niño para asegurarse de que está vivo, de que no está soñando.

Cuando murmuré *Jérôme,* él murmuró *et tu as moi.*

Bajamos a la cafetería del hospital. A aquella hora no había nadie. Únicamente una empleada que colocaba las pilas de platos, los cubiertos, las bandejas de plástico, al principio del recorrido del hambriento; y más allá, cerca de los grandes ventanales, una mujer madura, coqueta, que manoseaba nerviosa un palito para remover el café, como habría hecho con un rosario. Le temblaban los labios y los ojos le brillaban.

Jérôme alcanzó una botella de agua, pero no teníamos sed.

Todo lo que había amado de su rostro seguía aflorando en él pese a los estragos de los años. Ahora era más

---

* Letra (y música) de Georges Moustaki.

71

redondeado, más dulce que en mi recuerdo; cuando habría podido morir por él, abandonarlo todo y perderme si uno de los dos se hubiera atrevido a realizar los gestos que amputan de la infancia y precipitan al abismo de la vida adulta.

Nos miramos largo rato, más como dos antiguos compañeros de colegio, amables y curiosos, que como dos viejos enamorados impetuosos; y esa mirada revelaba al mismo tiempo nuestra turbación, nuestra emoción, nuestro fracaso y nuestra traición. De repente abrió la boca. Tú… Pero fue incapaz de proseguir. Entonces, por encima de la mesa que nos separaba, alargué la mano. Prudentemente. Mis dedos tocaron los suyos, se entrelazaron, enraizaron en su palma. Permanecimos mucho tiempo en silencio.

Después, nuestros dedos trazaron palabras en la piel del otro. Evocaron nuestros recuerdos, nuestros temores antiguos. Escribieron nuestro curioso reencuentro.

Más tarde me llevó a la habitación donde asistían a mi ahogado. Su cuerpo descarnado recordaba el de una araña; los goteros constituían las horribles patas.

—Se ha despertado un momento, hace un rato —dijo la enfermera—. Solo ha pronunciado una palabra. *Rose*.

Luego su cabeza se había deslizado hacia un lado, como una lágrima. Un surco de mercurio.

Por la tarde nos encontramos a la salida del instituto. Él llevaba pantalones cortos y camiseta, y tenía la piel bronceada. Una ducha había lavado la fatiga, borrado los tormentos de la larga noche pasada salvando al anciano, atendiendo a varios borrachos del baile de los

bomberos, dos navajazos y una mala caída de motocicleta con el resultado de una pierna fracturada por tres sitios.

Nos dirigimos a la alameda del Professeur-Debeyre,
tres kilómetros de paseo a lo largo del mar. Hacía muy
buen tiempo. En la playa, las madres untaban de crema
protectora la pálida piel de sus hijos, y luego la suya, pen-
dientes de si las miraban; en cuyo caso los gestos se volvían más suaves, casi íntimos, y pensé en mi cuerpo, que
ya no exponía al sol, que mantenía tapado, incluso en la
benévola penumbra de las habitaciones de hotel, las puertas cocheras, las almas negras, bien tapado desde que la
punta del cuchillo de mi dolor había escrito en él mi historia, mi tragedia común y corriente, todos aquellos días, y
aquellas noches, que siguieron al abandono por parte de
mi marido.

Jérôme hablaba de sí mismo. De su vida. Hablaba deprisa. De vez en cuando evitábamos riendo a un pequeño
ciclista que recorría a toda velocidad el paseo. O un coche
teledirigido. Me contó que se había mudado el año siguiente a nuestro verano. Su familia se instaló cerca de Sophia
Antipolis, donde su padre había encontrado trabajo como
ingeniero. No me preguntes en qué consiste, dijo divertido.
Sonreí; viene del latín y significa constructor de *ingenios,* es
decir, máquinas o artefactos de guerra. Nuestras miradas se
hundieron la una en la otra. La vieja complicidad resurgía
de pronto. Después me contó toda su vida. Pequeña casa de
pueblo en Valbonne, cerca de la plaza de las Arcades. Veranos
en las playas de guijarros de Niza, de Saint-Laurent-du-Var,
caminatas hasta La Garde-Freinet, comidas en la terraza de
Sénéquier, los años en que su padre recibía una prima; gritos histéricos a la orilla del Mediterráneo, a causa de las
medusas (*Aurelia aurita* y *Pelagia noctiluca,* nombres de

celentéreos, tan hermosos como nombres de flores); un final de adolescencia gozoso; varias afables novias de piel cálida, acento cantarín y risa cristalina.

Más tarde se mudó a Toulouse para estudiar medicina, nueve años de estudios; novatadas, bromas, dudas y escenas en el hospital universitario dignas de algunos episodios de la serie *Urgencias*. Y luego una historia de amor. Constance, murmuró, paladeando cada sílaba como una peladilla, *Constan-ce*. ¿Hijos?, le pregunté. Mathieu y Zoé. Ocho y cinco años. Ya está. Veinte frases, toda una vida.

—¿Y tú?

El corazón se me aceleró. ¿Yo? Yo he conocido la pasión, he conocido la traición, he conocido la violencia de los hombres, la de su amor ínfimo que se apaga en el preciso instante en que les dices «sí», en el segundo mismo en que penetran, en que su cuchillo corta; a los quince años conocí el deseo de morir de amor contigo, jamás me recuperé, jamás me curé, de hecho, me perdí, me extravié; más tarde, en el instituto, me ofrecí al primer Jérôme con el que me crucé para poder pronunciar tu nombre en ese momento, en el momento de mi primera sangre y mi primer espanto de mujer, *Jérôme, Jérôme,* dije tu nombre, oh, sí, ya lo creo que lo dije, lo hice durar mientras se prolongaba el daño que ese otro Jérôme me hacía, y entonces ya no tuve miedo, ya no tuve frío; y luego, cuando él se apartó, miserable, minúsculo, te dejé marchar, a ti, el inmenso amor de mi vida, te dejé marchar pausadamente, como un curso de agua; tu nombre emprendió el vuelo y desapareció por debajo de la puerta de la habitación, y de repente todo se había acabado, y lloré, lloré, y si es cierto lo que dicen de que el dolor puede producir cien litros de lágrimas en una vida, entonces yo las lloré todas esa tarde.

Pero no, no me atreví. Me limité a responder:

—¿Yo?

Un niño adorable, Hector, de nueve, su papá se marchó hace varios años.

En ese momento le sonó el busca. El anciano acababa de despertar. Solo decía una palabra. *Rose*.

Regresé a Le Touquet.

Lo dejé con sus urgencias, con los mensáfonos que apremian, con ese *Cons-tan-ce* cuyas sílabas lame de forma tan deliciosa, como pequeños caramelos; lo dejé con su hermosa sonrisa, sus dos hijos perfectos. No me habló de su automóvil, pero no cuesta imaginar que se tratará de un amplio coche familiar Audi para él, un pequeño Fiat *vintage* para ella y, supongo, una adorable canguro inglesa para los peques, pálida y pelirroja, por supuesto (Brighton se encuentra a menos de setenta kilómetros a vuelo de pájaro), y un poquito enamorada de él. No me dijo que no había cambiado, que seguía estando guapa; que había pensado en mí, de vez en cuando, a menudo, y en especial todos los veranos, el 14 de julio, desde hacía veintiún años, desde nuestros besos, nuestras palabras nuevas, audaces y aterradoras, esas palabras que tenían el sabor de nuestras bocas, el deseo de nuestros dedos; miró su busca, dijo «me necesitan» y se marchó.

Regresé a Le Touquet.

Mi madre me esperaba impaciente; mi hijo estaba encantado. En la playa, en el lugar donde solíamos ponernos, a la altura de la avenida de Louison-Bobet, Hector había construido un castillo. Había excavado los fosos, un recorrido laberíntico. Había ido a buscar, diez, veinte, cien veces, agua de mar, que la arena absorbía inexorablemente como un papel secante, anulando todos sus esfuerzos; había decorado el torreón con conchas marinas —almejas, pequeñas escupiñas, chirlas, berberechos y vieiras—. Cuando me senté a su lado, me dijo: «mira, mamá, ahí es donde vives tú, en el torreón, ahí es donde los príncipes acuden a rescatar a las princesas, y tú eres una princesa, ¿verdad, abuelita, que mamá es una princesa?».

Y mi madre sonrió, una sonrisa apagada, nostálgica de esos embelesos que, al parecer, jamás habían arrebatado —más bien ignorado— a las mujeres de nuestra familia. Cuando el mar se retiró, con su falsa elegancia, con aspecto de estar despidiendo a sus invitados, plegamos nuestras sombrillas, recogimos nuestras cosas y subimos hacia el dique.

Una vez más, nuestra velada fue banal. Una partida de Monopoly. Un chocolate a la taza. Un cuento. Una carantoña. Y cuando se hizo la hora de acostar a Hector, mi madre y yo nos encontramos solas, y no querría que «solas» se interpretara en el sentido de que únicamente éramos dos; no, digo *solas* en el sentido de dos soledades, la suya y la mía; dos soledades considerables; y haber vuelto a ver a Jérôme ese día, haber posado en silencio mi mano en su antebrazo, haber caminado a su lado esa tarde había delimitado la inmensidad de dicha soledad, el vacío de mi vida, con su ausencia, con mis posibilidades perdidas. Descorché una botella de vino. Mi madre, qué duda cabe: Estás loca, hija mía. Apuré la primera copa como si fuera agua. Me habría gustado beber con él, embriagarme y caer, caer en sus brazos. Habría querido que apenas unas horas atrás, en el paseo, dejara de hablar de su preciosa vida y me mirase. Que me reconociese. Que recordara mis labios azules de frío, los cuales temblaban cuando recibí en ellos mi primer beso. Que se acordase del color de mi bañador —elegido pensando en él en Modes de Paris, en la calle de Esquermoise de Lille, preferido entre todos porque hacía juego con el color de sus ojos, y también porque ocultaba la fea cicatriz de mi operación de apendicitis—, así como del de mi laca de uñas, que me había pintado por primera vez pensando en él. Un *rosa peladilla*. ¿Lo recordará? Para ya, dijo mi madre cuando me disponía a servirme una nueva copa de vino. Para. De manera que deposité la botella en la mesita baja, lo hice por Jérôme; fue como esas promesas que nos hacemos en las salas de espera de los hospitales; en los lugares perdidos. Dejo de fumar y él vivirá tres meses más. No volveré a mentir y él despertará. Dejo esta botella y él tomará mi corazón. Tómalo, Jérôme. Toma lo que te ofrecí hace más de veinte años. Mira. Tengo frío. Me das miedo, Isa, dijo mi madre. Deberías irte a dormir.

Tras la desaparición de mi marido había empezado a llover; en aquel momento me dije que también la lluvia jugaba su baza, borrando las huellas de sus últimos pasos, el rastro de pisadas que me amputaba de él.

Entonces conocí la negrura de las sombras, la punta del cuchillo para carne; pero eso ya lo he dicho.

No volví a verlo nunca; tampoco tuve jamás noticias suyas. Tan solo una carta, casi dos años después. Firmada por un abogado. Nos dejaba todo aquello que había detestado de nosotros: la nueva casa de Anstaing, con todo lo que contenía, todos los recuerdos. Firmé los papeles y acepté el divorcio, riendo de mi derrota, de mi humillación.

Cuando Hector volvió a vivir conmigo, mi madre pasaba más tiempo en casa. Estaba preocupada; oh, no tanto por mí como por mi hijo. Quería que creciese fuerte, vital. A él no le enseñó que no se muere de amor; le enseñó el lenguaje de algunas flores, porque eso hace a los hombres galantes, manifestaba, especiales, de manera que tuve derecho, por el Día de la Madre, a un ramillete de alisos de mar, «eres más que hermosa»; por mi cumpleaños, lino, «soy sensible a tu amabilidad», y el día de la Asunción, ramas de tamarisco, «cuenta con mi protección». Me regaló castillos de arena, dibujos de caballeros, poemas con rimas improbables; y yo saboreé sus últimas horas de infancia, las que llevan a una madre a pensar que su hijo siempre estará ahí, que la protegerá, la querrá siempre; sin embargo, llega tan pronto el tiempo de la adolescencia y de los sobresaltos, las ramas cortadas, las primeras escapadas, las primeras e interminables caídas…

Lo miro dormir.

Se ha amodorrado hace un rato, delante de la televisión, mientras veía *El castillo en el cielo* por enésima vez. Tiene la piel cálida y dorada. Respira pausadamente. De vez en cuando da un respingo. De vez en cuando sonríe. Ya no hablamos de su padre. Lo ha convertido en una estrella fugaz; en alguna parte encima de nosotros.

Dejé a Hector (y a mi madre) en el Aqualud –le encanta el río a veintinueve grados y el descenso por los rápidos; le encanta gritar su espanto–, antes de volver al instituto Calot-Hélio, en Berck.

Las constantes del anciano eran estables.

Aparte de la palabra *rose,* no había dicho nada más.

Entre los doce mil ochocientos cincuenta y dos apellidos más corrientes en el Pas-de-Calais entre 1916 y 1940, los servicios del registro civil habían encontrado ciento treinta y cinco Roose y veintiocho Rosian, pero ningún Rose.

Los gendarmes habían ido a interrogarlo, acompañados de un psicólogo y de una intérprete inglesa, por si acaso. Fue en vano. Habían mostrado su fotografía (parecía el rostro de un muerto) a los veraneantes en la playa, por las calles, en los portales de los edificios, en Au Chat Bleu, en Aux Mignardises —la crepería de la calle de Saint-Jean—, en el aeródromo, entre el personal del Casino du Palais, el del Westminster, donde un camarero del Mahogany, el bar del hotel, vaciló un segundo, y finalmente: no, no, no me suena, pasa tanta gente por aquí durante la temporada, tantos seres sin ningún rasgo especial... En definitiva, a todo el mundo. Tampoco el análisis de ADN había revelado nada. Ninguna de las compañías de *ferrys* que cruzaban el canal de la Mancha había notificado la caída de un hombre al mar. Nadie lo había visto, nadie lo (re)conocía, nadie sabía qué estaba haciendo aquel anciano a la orilla de un mar glacial esa noche, la del último 14 de julio del siglo.

Le llevé una rosa a la que me aseguré de que quitaran las espinas, lo que me valió una mirada un tanto burlona de la joven florista. ¿Es para arreglar las cosas con algún amor?, me preguntó. Sonreí. Qué pregunta tan bonita la suya.

En efecto, eso es. Intento arreglar las cosas.

En la tibia penumbra de la habitación, el anciano dormía, aferrado a la vida mediante los goteros, como otros tantos cordones umbilicales. Deposité la flor sobre su pecho y me senté junto a la cama. Lo observé un momento, tal como la víspera había contemplado a mi hijo dormido. De vez en cuando el hombre daba los mismos respingos; de vez en cuando exhibía idénticas sonrisas. Luego miré por la ventana, la playa inmensa, la arena de un color gris rata, a los padres con sus hijos enfermos, deformes, desarticulados, algunos de los cuales ya no crecerían más, mientras que otros tendrían que aprender de nuevo a andar, a tenerse en pie; hundían las manos en la arena con la misma alegría que los que no conocían el sufrimiento, y sin duda con similares sueños. Pensé en la frase de De Gaulle ante el cuerpo de su hija Anne: «Ahora es como los demás». Pensé en el daño que los niños hacen en ocasiones, sin saberlo.

El verano siempre dibuja vidas amables en las playas. Es a la hora de volver a casa cuando las cosas se complican. Cuando se hacen promesas de regresar, de volverse a ver. De no olvidar jamás.

Unas cometas flotaban muy alto en el cielo de un azul perfecto, cual estrellas multicolor. Más allá, unos jinetes subían hacia las playas de Airon-Notre-Dame y de Merlimont. A lo lejos, velas hinchadas en el mar. Aquí, mujeres que sacaban meriendas a base de chocolate. Allá, varios seductores a la caza y captura. Parecía un alegre cuadro de Caillebotte.

De pronto, el anciano abrió los ojos. Y descubrió la flor. Entonces sonrió y, sin saber por qué, su sonrisa hizo que de inmediato me entraran ganas de llorar. Sus ojos claros buscaron, me encontraron. Sus dedos, tan delgados, intentaban agarrar la rosa. Le ayudé. Se la llevó a la altura del rostro para olerla.

De nuevo, su magnífica sonrisa triste.

Cuando por fin habló, su voz era tan frágil como un hilo de encaje muy antiguo, hasta el punto de quebrarse:

—Ah, es una *Eugénie Guinoisseau,* una de nuestras primeras rosas. (Estuvo a punto de quedarse sin voz. Le acomodé la almohada en la espalda.) Mire qué precioso tono entre cereza y púrpura, surcado de reflejos metálicos. Oh, gracias, señorita. Gracias.

Cerró los ojos; no tardaría en enterarme de que ya no volvió a abrirlos. Tras sus párpados de un gris de cartón piedra parecían desfilar un millar de imágenes. Me obsequió unas pocas palabras, cual si fuesen flores. Formaban un curioso ramillete.

Bombas. Encuentro. Un amor para siempre. Charles Trenet. Cora Vaucaire. Armisticio. Rose.

Una dulce sonrisa se instaló en su rostro descarnado, una sonrisa increíble que me arrancó las últimas lágrimas cuando salí de la habitación.

Nunca he tenido suerte con los hombres.

Tengo una de esas caras que denotan a quien siempre pierde a los seres que ama; sin embargo, en un hospital nadie repara en ella.

Aguardo mi bebida ante la ruidosa máquina expendedora, en el vestíbulo, cuando una mano se posa en mi hombro.

Jérôme.

—Ven, tengo café del bueno en mi consulta.

En su consulta, mis lágrimas siguen fluyendo, inagotables y frías, mientras el apasionado amor de mis quince años está plantado frente a mí, inmóvil, impotente, perdido a su vez; entonces tomo su mano y la apoyo en mi mejilla, como un pañuelo; las yemas de sus dedos son cálidas y suaves, tiene unas manos delicadas, casi de chica, y la mía guía a la suya por las angulosidades de mi rostro, acuérdate, Jérôme, de tus caricias, de su languidez, del tacto de mi piel, de su aroma, de tu mano, que se ponía húmeda cuando me rozaba el pecho, de tu aliento entrecortado cuando mi boca te mordisqueaba la oreja; escucha a tu mano de hombre; la guío por mis labios, mis lágrimas se intensifican debido a la sonrisa del anciano de la rosa, una sonrisa de enamorado; de pronto me resulta evidente, de un enamorado apacible, eterno, cuando yo solo he conocido promesas y pérdidas, encuentros sombríos y violentos, en los que la brutalidad se erigía en breve lenguaje; guío tu mano, Jérôme, por mi cuello, por mi garganta, y ni siquiera te resistes, y por mis senos, y te pido que los aplastes, que me hagas daño, sin dolor ya no siento nada, sin dolor estoy muerta, y tus dedos obedecen por fin, y a modo de garras trituran y estrujan, me arrancan un grito fugaz, agudo, y ese grito parece quebrar el caparazón de tu cortesía, de tu pequeña cobardía; ahora ya no te dejas guiar, tus manos toman posesión, destrozan; tus dedos penetran, indecentes y vulgares, te conviertes en un animal, en un extraño grosero, yo que te amaba tanto; ya solo te escuchas a ti mismo, te sirves, te sacias como una fiera sedienta en un abrevadero, Dios, qué sosa debe de ser tu *Cons-tan-ce* para tenerte así, tan hambriento; y de repente me tumbas sobre la mesa de despacho, los papeles se arrugan, los bolígrafos ruedan, una lámpara cae, se rompe, ya nada te detiene, tu placer gobierna, no me miras, no hundes tu mirada en la mía, ya no acaricias mi piel como hacías antaño, en nuestro verano compartido, detrás de las casetas de baño multicolor, donde se escondían los amantes, cuando mi piel te recordaba el caramelo; hoy tu antebrazo es como un sacaclavos que me abre las piernas, tu aliento es ronco, entras en mí por efracción, no ves el lenguaje del cuchillo en mis muslos, no lees mi historia, no descifras mi dolor, follas y follas y no tardas en gozar y te retiras de inmediato y te subes el calzoncillo y los pantalones, avergonzado de pronto de ese otro que se te ha escapado, que ha hecho de ti, Jérôme, un monstruo ahora igual al resto, un animal común y corriente, tan banal, y después te quedas sin palabras, porque ni siquiera es amor, solo una inmensa tristeza, sigues sin mirarme, de pronto pareces perdido, te pido un pañuelo de papel, mi voz te sobresalta, tu mano tiembla cuando me tiendes una gasa, es lo único que has encontrado; agachas rápidamente la cabeza cuando me seco de ti, que fluyes de mi interior; entonces me incorporo, cubro los surcos de palabras en mis muslos, toda mi historia, ya no lloro.

Ya no lloro.

Luego se hizo el silencio.

Recogió el desorden de encima del escritorio. Preparó café. Seguía sin mirarme.

No hay que devolver la vida a nuestros amores de infancia. Hay que dejarlos donde están: en la confortable oscuridad de los recuerdos. Allí donde las promesas esbozadas, las caricias imaginadas, olvidadas, la nostalgia de la piel, de los olores, allí donde los sueños perdidos se idealizan y escriben la más bella de las historias.

Aquella a la que nada amenaza. Aquella que jamás tuvo lugar.

Y como existe un dios para los cobardes, lo llamaron por el busca. El anciano acababa de morir.

Jérôme salió corriendo y yo esperé en el pasillo, ante la habitación de mi ahogado de la rosa. Cuando volvió a salir estaba pálido. Parecía conmocionado. Le pregunté qué había ocurrido. No lo sé, dijo. Alguna infección. Todo era normal, todo se iba estabilizando. Es increíble. Yo creo, creo que se ha dejado morir.

De amor.

Entonces tomé aquel gran cuerpo de hombre entre mis brazos, lo estreché contra mí, lo más fuerte que pude, y en ese momento ambos supimos lo que nos habíamos perdido.

Nunca volví a ver a Jérôme.

Pasé los últimos quince días de julio en la playa de Le Touquet jugando con Hector, leyendo, aprovechando la mutua compañía de los tres. Por la noche íbamos a la crepería, al cine; nos reímos con *Asterix y Obelix contra César* y con *Quasimodo d'El Paris;* a solas vi *La chica del puente,* y encontré muy guapa a Vanessa Paradis. Hector decidió participar en el concurso de esculturas de arena, quería representarme como princesa, pero «tumbada», mamá, si no, es demasiado difícil. De vez en cuando tenía que mantener la pose, y pese a los calambres, estaba orgullosa de que me hubiera elegido. No ganó. No obstante, le regalaron una camiseta, una gorra, una colchoneta hinchable, y se sentía feliz, aunque pareciese un anuncio de helado de vainilla con pepitas de chocolate. Mi madre y yo no volvimos a hablar de la predicción del modisto español, del fin del mundo que había de llegar, dentro de ciento cincuenta y nueve días exactamente. Al final del día saboreábamos cada segundo la alegría de ser una familia entre otras familias, con gritos, juegos, sueños rotos y sonrisas.

A finales de julio cerramos el apartamento de la calle de Paris y volvimos a nuestra casa, a Anstaing. Y cuando mi hijo afirmó que lo de marcharse estaba bien porque así podíamos volver, comprendí que estaba creciendo.

Aproveché el mes de agosto para preparar la vuelta al instituto; comprobar que funcionaban todas las lámparas, asegurarme de que los extintores hubieran sido verificados a conciencia, controlar el buen funcionamiento de los aseos, inspeccionar los productos de mantenimiento, hacer un recuento del material de oficina, verificar la calefacción, etcétera. Me disponía a reanudar mis monótonos días de tedio. Hector pasaba sus últimas tardes de verano en casa de su amigo Kevin, en Sainghin-en-Mélantois, a cinco kilómetros de casa.

Una tarde volvió pálido, con la frente fría. Tenía la misma mirada sombría que su padre y entonces comprendí que empezaba a salir definitivamente de la infancia. Le pregunté qué le pasaba, si se había peleado con su amigo, si había reñido con la hermana de Kevin. Le dije que una madre también estaba allí para los días en que uno no se siente un héroe.

Inspiró hondo. Trató de ser fuerte. Permaneció largo rato en silencio. Entonces lo supe.

Las madres siempre saben, salvo en lo que respecta a sí mismas.

Mi hijo buscaba palabras de adulto, pero las palabras no acudían. Esas palabras habrían revelado el primer dolor, la primera fisura, con un leve aroma a sangre. Las penas no se transmiten, se reproducen.

De repente me sentí desprovista frente a mi hombrecito, frente a su primera e inmensa desilusión. Aterrorizada al ver que el nacimiento del amor siempre era tan desgarrador. Siempre tan cruel.

El fin del mundo no llegó. Los ordenadores no se colapsaron ni hicieron caer a los aviones, los satélites o las estrellas, como tampoco a los muertos a los que echamos de menos, y que están en el cielo, es de suponer.

En los últimos días del verano le expliqué a mi hijo que las penas de amor son en sí mismas una forma de amor. Que existe felicidad en la nostalgia. Y que un fracaso amoroso nunca lo es del todo: abre una nueva vía hacia uno mismo y hacia el otro, puesto que un encuentro son dos destinos que entrechocan. Me dio las gracias por mentirle; hacía mucho que había adivinado mis propias aflicciones y mis numerosos callejones sin salida. Protesté. Se encogió de hombros y murmuró un «mamá» decepcionado, y eso me hizo llorar.

Al verano siguiente volvimos a Le Touquet; Hector empezaba a aburrirse allí, quería pasar más tiempo con sus amigos. Se iba distanciando, nuestras carantoñas se espaciaban, ya no me construía castillos con un torreón al que un príncipe vendría a buscarme. Ya no era su modelo viviente. Había dejado de creer en los cuentos, así como en las mamás rescatadas.

En la playa, algunos hombres me sonríen, pero mi sonrisa comedida los mantiene a distancia.

Con el tiempo me he descubierto apaciguada. He renunciado a la voracidad de los hombres y a mis impaciencias, ya no permito que mis tormentos escriban mi vida. He comprendido la letra de la cancioncilla *Mon enfance m'appelle,* de Serge Lama e Yves Gilbert:

> *On récolte l'ennui quand on a ce qu'on veut.*
> [«Uno cosecha el hastío cuando consigue lo que quiere.»]

Por fin estoy preparada para una historia que se vaya inventando día a día, la espero, me preparo para ella. He hecho el duelo de mi sueño de un amor tan intenso que sea posible morir por él; de hecho, te equivocaste de medio a medio, mamá. Empecé a amar mi vida, a amar lo que podía prometerme, con un hombre tal vez, algún día, porque realmente la soledad no es un producto de belleza.

Y en este primer verano del siglo, similar a todos los que se han sucedido hasta hoy, cada tarde acudo al cementerio, en el bulevar de la Canche, a la zona reservada a los desconocidos. Siempre llevo una Eugénie Guinoisseau, que deposito sobre la lápida, grabada con el nombre que el ayuntamiento se decidió por fin a ponerle.

Señor Rose.

Y en el frescor de la tarde, mientras espero a tener un poco de suerte con los hombres, el señor Rose y yo hablamos del amor.

Jacinto

Una poetisa de rimas pobres y tez de porcelana –una porcelana tan fina que casi se ve azul– es la razón por la que estoy aquí, este 13 de julio de 1999, sola, al volante de mi coche, en la carretera que conduce a Le Touquet, donde nunca he estado.

La radio difunde, por tercera vez esta mañana, el nuevo tema de Cabrel, *Hors Saison*. La letra se me antoja demasiado melancólica y fría para tratarse de una canción de verano.

> *La mer quand même*
> *Dans ses rouleaux continue*
> *Son même thème*
> *Sa chanson « où es-tu? »*
> [«El mar, pese a todo, en sus rompientes prosigue su sempiterno tema, su canción "¿dónde estás?".»]

Prefería con mucho, en el calor de mis treinta y cinco años, en el apetito de mi cuerpo recuperado, firme por fin después de tres embarazos, las palabras tontas y hambrientas de un tal Patrick Coutin:

J'aime regarder les filles qui marchent sur la plage
Quand elles se déshabillent et font semblant d'être sages
Leurs yeux qui se demandent mais quel est ce garçon.
[«Me gusta mirar a las chicas que caminan por la playa /
cuando se desnudan y fingen ser juiciosas / sus ojos que se
preguntan "pero ¿quién es ese chico?".»]

Sin embargo, el chico al que amaba, que me había
observado caminar por la playa, ese chico que más tarde
habría de convertirse en mi marido, y luego en el padre
de mis hijos, había dejado de mirarme.

Mañana cumplo cincuenta y cinco años.

Nací el 14 de julio de 1944. Un año lleno de aconteci-
mientos, que ocupa muchas páginas en los libros de historia.
Entre las buenas noticias de ese año: Anouilh pone en escena *Antígona* en el teatro de L'Atelier, en plena Ocupación; el
político y periodista Pierre Brossolette prefiere el suicidio a
confesar; el 6 de junio ciento treinta y dos mil soldados alia-
dos desembarcan en Normandía; Patton entra en Dinan,
luego en Vannes, luego en Dreux, y después libera Chartres
—maldito Patton pese a todo—; Leclerc libera París y De
Gaulle lanza su célebre «¡París, París ultrajado! ¡París roto!
¡París martirizado! ¡Pero París liberado!»; Lina Margy canta
Ah le petit vin blanc, y Aragon publica *Aurélien.* En el aparta-
do de las malas noticias: Desnos y Malraux son detenidos;
fusilan a treinta y cinco resistentes en la cascada del Bois de
Boulogne; seiscientas cuarenta y dos personas son masacra-
das en Oradour-sur-Glane; el último tren de deportados
sale de Drancy en dirección a Auschwitz; se cuentan otras
diez mil tragedias más, que llenan diez mil libros.

Hace cincuenta y cinco años, mis padres me pusie-
ron Monique. Estaba de moda en la época, como Marie

y Nicole; sin embargo, siempre pensé que había un punto de sadismo en llamar Monique a un recién nacido todo rosadito. Habría preferido algo menos original, más dulce, más femenino. Algo que suene azucarado en la boca de un hombre. Como Jeanne. O Liliane. O Louise.

Mañana me llamaré Louise.

Sonrío, al volante de mi coche, pensando en ese *Hors Saison*. HS.

Me hace pensar en *Hors Service*, y me pregunto si no soy yo quien está *HS*.* A mi edad.

Me pregunto si, al verme hoy caminar por la arena, con el vientre más flácido, los músculos no tan elásticos, no tan nerviosos, el ávido artista pop seguiría cantando

Leurs poitrines gonflées par le désir de vivre
Leurs yeux qui se détournent quand tu les regardes».
[«Sus pechos henchidos del deseo de vivir, sus ojos que se vuelven cuando las miras.»]

Dicho lo cual, pese a un amante de juventud ignorante y torpe, pese a las lactancias y las estrías, pese a la temible ley universal de la gravitación, todavía me quedan algunos argumentos en cuestión de busto.

_____

* *Hors saison*, «fuera de temporada». *Hors service*, «fuera de servicio». *(N. de la T.)*

En la carretera hay un tráfico de mil demonios. Tremendas retenciones.

Pero no despotrico. En el aire flota un olor a asfalto, a nubes de azúcar y tabaco mezclados; promesas de infancia, de vacaciones.

En Crotoy, las señales indican: Le Touquet, cincuenta y tres kilómetros. Llegaré allí en menos de una hora. Y en poco más de una hora a partir de este momento, estaré en la habitación que he reservado para dos noches en el hotel Westminster, probándome mi nuevo bañador negro. Un corte de calidad, un buen diseño y un escote delantero atrevido. Hay que sacar partido a lo que se tiene, decía mi madre. Pediré champán; un Taittinger rosado, ¡mira por dónde! Bien frío. Daré vueltas sobre mí misma, como Peggy Sue con su vestido de baile plateado.

Dejaré que las burbujas exploten en mi lengua, contra el paladar; formarán letras, las cuales compondrán una frase que me susurrará que todavía estoy guapa y deseable. Sobre todo para un buen polvo, puesto que desde hace algunos años mi marido me hace ponerlo en duda.

Una bonita frase que me convencerá de que, por mí, un hombre podría volver al estadio animal, regresar conmigo a la fuente, a la época del ardor y de las urgencias groseras que constituyen la sal misma del deseo.

Frente al gran espejo de la habitación, me acariciaré el vientre con las manos, me pellizcaré la carne con los dedos, indulgente. Y reiré, y la risa me hará más guapa todavía, me consta. Siempre me lo han dicho.

Mañana seré Louise.

Mañana también tendré que enfrentarme a los monstruos. Los cuerpos perfectos, qué horror. Esos cuerpos de senos impecables por la gracia de la juventud o por la ayuda de un bisturí. Esos cuerpos espléndidos, salidos de las revistas de primavera, de sus páginas heladas, ambarinas, y que ahora encontramos a la orilla del mar, en la arena, a pocos metros de nosotras, de nuestros hombres, de nuestros vientres fofos, heridos. Esos cuerpos de piernas interminables exhibidas en las terrazas de los cafés, bajo faldas ligeras, como en el diálogo de Charles Denner, en *El amante del amor:* «compases que recorren el globo terráqueo en todas direcciones». Esos cuerpos de ensueño que no dejan de recordarme, como otras tantas bofetadas, de qué nos vemos privadas una vez cruzado el umbral de los cincuenta; de qué nos han despojado la vida, los partos, los años, el tiempo despiadado y los dolores secretos. Y puesto que mi marido ya no lo ve, expondré mi cuerpo a las miradas de los cazadores, de los salvajes y otros predadores, a los que la carne misma del verano vuelve caníbales. Les ofreceré mi cuerpo de madre, de amante lejana, confiando en que será devorado como los demás.

Sé muy bien que en mi cuerpo se leen mis batallas. Varios entramados de zarzas en el bajo vientre –mis tres hijos eran pesados–. Algunas venas visibles en la parte superior de los muslos. Callosidades en los pies. No obstante, mi silueta sigue siendo graciosa y mi rostro bonito; llevo mucho tiempo cuidándolo, he protegido mi cutis de los estragos del tiempo, del exceso de sol y del tabaco, que lo vuelve gris y seco. Y de vez en cuando, incluso recientemente, yendo sola o hasta acompañada de mi marido, se da el caso de que los hombres me sonríen, su sonrisa constituye un requiebro, una caricia, y su mirada se demora en mi cuerpo cuando les doy la espalda. En momentos así, tengo la sensación de volver de repente a la edad de las brasas y del fuego, cuando lo cierto es que vivo inmersa en la de la ternura, ese minúsculo apego que mi marido me ofrece tras las turbulencias de la pasión. He sido amada; un poco antes que él, mucho por él; una historia de más de un cuarto de siglo. Un amor importante, al principio. Dilatado. Y luego, muy seguidos, tres hijos. Miles de risas. Algunos sustos: dos accidentes de bicicleta, uno con una motocicleta robada, una barbilla abierta hasta el hueso, una alergia al huevo, una cabeza rapada, caídas desde un manzano, varias desde un primer piso, una interminable escarlatina, un bachillerato suspendido por medio punto, un niño perdido en una playa un 15 de agosto, la falange de un meñique arrancada por un teckel furioso, dos dientes rotos y tres primeras penas de amor.

Nuestros hijos crecieron demasiado deprisa.

He amado con locura ser su madre. Ocuparme de ellos, dejarme guiar por gestos ancestrales: acariciar, cuidar, cocinar —me inventé una pizza casera y varias *crêpes* creativas que los volvían locos—, elegir su ropa, contarles cuentos por la noche, hacerles carantoñas, escuchar sus confidencias, llorar con ellos, hacerlos reír, e incluso llamar a los bomberos, el día en que hubo que despegar una mano de la pared de la cocina, y aquel otro en que hubo que liberar un dedo índice completamente azul e hinchado del gollete de una botella.

Pasábamos los veranos en el sur. Saint-Raphaël, La Garde-Freinet; una vez en Saint-Tropez, pero todos lo aborrecimos. Alquilábamos una casa para todo el mes; mi marido se quedaba quince días, volvía a sus obras o a su mesa de despacho y se reunía con nosotros los fines de semana. Los niños se pasaban el día en la playa conmigo, y más tarde, al llegar a la adolescencia, a los cambios de voz, el primer vello y otros desgarbos incipientes, desaparecían toda la tarde. Volvían a última hora con discursos cargados de cerveza o de Mónaco, brillo color fresa en los labios y olor a tabaco rubio en el cabello, a menudo con las mejillas encendidas, de vez en cuando con las piernas temblorosas. Entonces me sentía orgullosa de ellos y celosa de sus ardores, nostálgica de los míos, y apenada porque la edad adulta les llegara tan deprisa.

Ahora son mayores. Ya no pasan el verano con nosotros. Ya no viajamos en familia. Tienen sus propias playas, los cubren otras sábanas por la noche, otros brazos, también otras sombras, sin duda ocultan vergüencillas sin importancia; pero no me hablan de ello. Deben de considerarme demasiado vieja.

Después de los hijos llegó todo aquello que los hombres no pueden comprender.

La inconmensurable melancolía. Los sofocos. El aumento de peso. La sequedad de la piel. Los dolores de cabeza. Los cambios de humor. La interminable aflicción de tener que hacer el duelo de mi cuerpo, que había sido capaz de fabricar hijos, de mi vientre, que se apagaba para la vida; y que ahora solo servía para el placer, me había animado la ginecóloga. El placer, eso es. Del que mi marido ya no me colmaba.

Con el tiempo, los veranos en pareja se hicieron más breves. Más remotos. Una isla a quince horas de avión. Una cabaña en una montaña fantasmagórica, en el corazón

97

de Europa. Parte de la Ruta 66, al otro lado del Atlántico. Sobre todo, nada que hubiera podido recordarnos nuestros veranos felices. El olor a pino o a lavanda. Las comidas interminables y alegres. Los gritos, a causa de las avispas que se autoinvitaban a la mesa.

Tras tantos años de gozosas cacofonías, mi marido y yo nos vimos inmersos en un insoportable silencio.

Por la noche yo subía pronto a acostarme.

Por la noche él leía hasta tarde.

Éramos inconsolables.

Algunas noches, en nuestra cama, rememoraba nuestras antiguas palabras. Las de los primeros apetitos, que me aturdían; las de las pequeñas ansias, las conmovedoras turbaciones y mis peticiones desvergonzadas. Entonces pronunciaba para mí misma esas palabras desaparecidas. Revoloteaban un instante en la oscuridad de la habitación, luego venían a posarse en mi piel, y mi carne se estremecía, y mis carencias me corroían como termitas.

Fue en esa época de las palabras perdidas cuando me apunté a un pequeño club de poesía en Sainghin-en-Mélantois, a pocos kilómetros de casa. A mi edad, consideraba más razonable plantearme una carrera de poetisa que encontrar un primer empleo, aunque fuera de personal de limpieza en Auchan o de vigilante en un gimnasio municipal.

La moderadora del club era otra «ama de casa», una mujer de piel clara y salud delicada, según se decía, a la que su propia sangre había estado a punto de envenenar. Escribía poemas que su marido, banquero, hacía publicar por cuenta del autor; breves opúsculos que ella declamaba una tarde al mes, en el salón de su espaciosa casa de Sainghin. Por lo general las lecturas iban acompañadas de té y pasteles de Meert, el famoso pastelero de Lille. Y si bien no siempre nos regalábamos con los sonetos, los audaces encabalgamientos y algunas paronomasias, el deleite quedaba garantizado por los dulces, que, sin la menor duda, eran pura poesía, la que hace rimar «Tarta de chocolate, lima y pistacho» con «Jalea de frutos rojos con base de bizcocho borracho».

Por puro juego, intenté algunas sextillas (demasiado duro), luego pasé a las quintillas y cuartetos (ídem), para finalmente tener éxito, o eso me pareció, con varios dísticos; sin embargo, no fueron del gusto de la poetisa pálida.

—No es usted como mis demás alumnas, Monique (todavía no era Louise). Usted…, usted no es como yo. Nosotras escribimos nuestros poemas porque seríamos completamente incapaces de vivirlos, somos demasiado cobardes, estamos ya demasiado resignadas. Mientras que usted, usted está hecha para la pasión, para los abismos que dotan de tanta vida a las mujeres. Hay algo del alma rusa en usted. Victoire, mi hija menor, también es así. Solo tiene trece años y ya la adivino capaz de ardientes exaltaciones, de sufrimientos y paraísos. ¡Váyase, Monique, no plasme sus carencias en el papel! Váyase, viva la pasión, quémese, póngase en movimiento y piérdase; es en la pérdida donde uno se encuentra a sí mismo.

De pronto parecía muy agotada, demasiadas palabras sin duda. Demasiadas confesiones también.

—Vaya a perderse a Le Touquet, donde el mar se retira como una sábana, como un impudor. Y además, me consta que aún es posible encontrar allí a algunos caballeros.

Esa noche mi marido y yo tuvimos una larga conversación. Le hablé de mi vacío y de mis deseos. Me escuchó. Protestó. Nos bebimos una botella de vino, una de las que él guardaba para las «grandes ocasiones». Finalmente nos pusimos de acuerdo, entre lágrimas y risas. Y ese 13 de julio de 1999 me marché, a ciento ochenta kilómetros de nuestra casa. Sola.

Allí donde el mar se retira. Como una sábana. Como un impudor.

Heme, pues, en Le Touquet. De nuevo un rosario de coches, bicicletas y coches a pedales en la larga carretera roja del bosque. Casas ocultas a ambos lados, risas, ruidos de agua, olor a hoguera. Apenas unos kilómetros recorridos con paciencia y el inmenso Westminster, todo él de ladrillo rojo y balcones blancos, aparece ante mi vista.

Son las seis de la tarde y, de creer a Nostradamus, el fin del mundo es inminente.

El año mil novecientos noventa y nueve siete mes,
del cielo vendrá un gran Rey de espanto,
resucitar al Gran Rey de cuna Angélica,
antes, después Marte, reinar en buena hora.

En la habitación del Westminster, sobre la mesita baja, habían dispuesto un ramo de cinco jacintos rojos en un bonito jarrón.

Sonreí.

La cosa había empezado.

Conozco el jacinto. Al parecer, esta espléndida flor surgida de un bulbo apareció en Grecia. Según la mitología, nació de la sangre de un joven, Jacinto, que resultó muerto por Céfiro durante un lanzamiento de disco. Apolo, apenado por tamaña tragedia, hizo nacer un jacinto rojo de la sangre del muchacho, a fin de que pudiera revivir eternamente.

También se dice que un jacinto rojo significa: «¿quieres jugar al amor? – con una pizca de erotismo».

Jacinta era asimismo el nombre de pila, en la actualidad caído en desuso, de una santa del siglo XVII, una franciscana de Viterbo, que para satisfacer a sus padres entró en un convento, donde llevó una vida escandalosa durante más de diez años.

Escandalosa.

Según lo previsto, pido que me suban una copa de Taittinger rosado, bien frío. Después me pruebo mi nuevo bañador. En el gran espejo, contemplo mi pecho, mis largas y esbeltas piernas, mis nalgas, mis caderas. Me pellizco la apetitosa carne. Y me echo a reír, y mi risa, lo sé, es cristalina y hermosa.

Las burbujas de champán me susurran lindas frases, así como otras que me turban.

Al rato me pongo un corto vestido negro; mis piernas son como un compás susceptible de recorrer el globo ocular de los hombres en todas direcciones.

Qué duda cabe, el corazón se me acelera cuando entro en el bar de luz tamizada del hotel. El Mahogany. Mucha gente, mucho ruido. De pronto tengo la sensación de que mi vestido resulta inadecuado. Sin embargo, la sonrisa admirativa de algunas mujeres me tranquiliza: puertas que se abren, promesas vertiginosas, indecencias. Es verano, reina la penumbra y el alcohol desinhibe el pudor. Los maridos se encuentran lejos y las mujeres se sienten solas.

No queda ninguna mesa libre. Un tanto apartados, una pareja de viejecitos, sentados lado a lado, sorben sendas copas de oporto. Se miran con amor. Sus dedos, como culebrillas artríticas, se rozan, se entrelazan, y de repente me cuesta un poco respirar porque adivino una inmensa historia de amor, de esas con las que todas soñamos pero que nunca se viven, dejando en su lugar tan solo la amargura de una vida insignificante. Los amores que vivimos son siempre demasiado mezquinos.

—¿No se encuentra bien? —me pregunta la anciana.

Tiene los ojos claros, de mirada dulce. Balbuceo:

—Sí, yo…

—Siéntese un momento —me invita—, aquí hace tanto calor…

Entonces me acomodo en la única butaca libre, frente a ellos. También él tiene los ojos claros, las mejillas hundidas, los pómulos altos, elegantemente dibujados. Han acabado por parecerse. Ambos son guapos. No puedo por menos que decírselo. Ella barre mi cumplido con la mano entre risas.

—La hermosura no está en nosotros —replica—, sino en lo que hemos vivido. Hasta nuestros momentos tormentosos tenían su belleza. ¿Le apetece un vaso de agua?

Indico con un gesto que no. Gracias. Estoy fascinada por ellos.

—Discúlpenme si soy indiscreta, pero ¿cuánto tiempo llevan juntos?

Esta vez es él quien se echa a reír.

—¿Tan mala pareja hacemos?

—No, desde luego que no. Al contrario. Se miran como si acabaran de conocerse.

—Ah, hace más de cincuenta años que nos conocemos todos los días —interviene ella, maliciosa.

De pronto, ahí están todas mis carencias. En esas escasas palabras de la mujer, en sus miradas, en su amor infinito. Me levanto.

—Ya estoy mejor. Gracias.

Me alejo. Muy tocada.

Un camarero me sugiere que me acomode en la barra.

Me subo a uno de esos taburetes de cuero rojo en los que, mucho antes que yo, Tamara de Lempicka, Marlene Dietrich, Gloria Swanson o, más recientemente, Lou Douillon, Charlotte Rampling y Carole Bouquet también se sentaron, en plan mujer fatal. Cruzo las piernas despacio. Un ralentí de cine. Nunca había actuado así antes. Al instante me ruborizo. El barman me tiende la carta de cócteles. La mera lectura de los ingredientes hace que la cabeza me dé vueltas —*Avelinos* (hidromiel, licor de cassis de Avelin, sidra *brut*), *La Fraitise* (ginebra de Houlle, crema de *bêtises* de Cambrai, licor de fresas del bosque), *Canneloos* (ron, zumo de pera, sirope de speculoos), *Le Planteur du Nord* (ron, hidromiel, zumo de pera, sirope de pan de especias)—. Tras varios minutos de dudas, una voz de hombre susurra muy cerca, en mi cuello:

—Olvídese de todo eso. El champán es lo adecuado para usted.

Me estremezco. Dios mío, qué rápido va todo… Qué insaciable es el apetito de los hombres, así como su urgencia por poseer, tan poco halagadora en ocasiones. Instintivamente, tiro del bajo de mi falda para alargarla —un viejo reflejo de la *difunta* Monique—. Me gusta mucho esa voz. Cálida. Grave. Bien impostada. Me gustan las palabras que acaba de pronunciar. Precisas y decididas. Palabras de experto. Cuando me vuelvo, lentamente, para descubrir su rostro, ha desaparecido. Sin duda no le ha gustado lo que ha visto. Mis piernas. Mi silueta. Mi edad.

Pido una copa de champán.

Desearía que me abordasen no porque estoy sola sino porque me encuentran atractiva. No porque tenga experiencia, sino, precisamente, porque no tengo ninguna.

Por supuesto, más tarde vinieron a abordarme. Para proponerme unirme al grupo. ¿Por qué no ir a cenar a Perard? Al parecer, la sopa de pescado es excepcional. Y luego tomar la última copa en otro sitio. Ir a bailar. Sin embargo, no deseo nuevos amigos, ni mesas alegres, ni seductores o bailarines desmañados de los que tanto abundan en los bailes del 14 de julio, no. Quiero ser subyugada, raptada. Quiero que me devoren.

Pero los hombres están ciegos.

Quiero correr un último peligro de mujer. El que lleva a creer en lo que dicen las canciones:

Viens je te fais le serment
qu'avant toi, y avait pas d'avant.
[«Ven, te juro / que antes de ti no hubo un antes.»]

Ese peligro que nos reconcilia con nuestra parte de bestialidad, de desesperanza y de júbilo. El deseo. El auténtico. El imperioso. Ese al que una se abandona. Que nos arrebata hasta la perdición. Y que a veces no nos deja otra cosa que las lágrimas.

Me largo del Mahogany, con estrellas tibias en los ojos. Sola.

La noche cae lentamente. Se encienden las farolas como cuentas de un rosario. Sopla una suave brisa. Bajo por las calles que me ha indicado el conserje del hotel, hasta el bulevar de la Plage. Me cruzo con familias felices, con padres que de nuevo se dan la mano, con niños excitados y caprichosos. También con jóvenes, llegados de Lille, de Amiens, de Arras, de Béthune, para salir de marcha, bailar, beber y seducir a las chicas; es sabido que en verano los cuerpos hablan por sí solos, que no es necesario recurrir a un amplio vocabulario para hacerse entender.

No obstante, siempre hay muchachas desdichadas una vez que el verano queda atrás. Chicos malos. Besos fallidos. Puñetazos perdidos. Penas inconsolables. Me cruzo con todos esos sueños de felicidad que albergan quienes han trabajado, ahorrado o se han privado de algo para estar aquí ahora, para pasar una semana de verano, una noche de baile, y hacer acopio de recuerdos dichosos, almacenar bonitas imágenes coloristas que un día harán soportables las insoportables imágenes de la enfermedad, el miedo o el abandono.

Las vacaciones constituyen ese momento de infancia recuperada, cuando éramos inmortales, cuando se suponía que jamás íbamos a separarnos.

Se ha instalado un gran escenario en el aparcamiento de la ciudad, para el baile del día siguiente. El cielo está despejado, las bombillas multicolor relucen; sus filamentos chisporrotean, para pavor de las polillas aprisionadas. Varios chiquillos ya están bailando. Han traído música y bebidas de esas que impiden dormir. Algunos adultos se han sumado a ellos, hacen dar vueltas y más vueltas a sus bebés.

Al observarlos me vienen a la memoria remotas vorágines. Mi primer baile a los doce años, con un chico que sudaba mucho. A los catorce, un lento con mi mejor amiga, una pelirroja alta cuyo cabello olía a sotobosque mojado, a cortezas húmedas; más tarde ambas nos sentimos turbadas, más tarde nos besamos, nuestras manos se perdieron, el sotobosque devino un lugar luminoso, y finalmente nuestro secreto se convirtió en nuestro fabuloso tesoro.

Una vez en la playa, me quito los zapatos. La arena está fresca, casi fría. Me dirijo hacia el mar, de donde vuelven unos niños temerarios y helados. Sus madres los esperan con toallas de rizo y palabras tiernas. Más allá, unos jinetes cabalgan al paso, sus sombras se alargan sobre la arena. Algo más lejos se ve una hoguera rodeada de chicos y chicas, el viento arrastra acordes de guitarra, olor a parrillada, el estallido de sus risas. La noche ha caído. Nadie tiene ganas de volver a casa. Quieren vivir.

—En efecto, la copa de champán era lo adecuado para usted.

Me sobresalto, pero no me vuelvo. Camina detrás de mí, a menos de un metro. No tengo miedo. Lo conozco.

—Ha desaparecido a toda prisa del bar del hotel, hace un rato.

—Había demasiada gente.

—No ha sido muy caballeresco por su parte, ¿no cree? De manera que, presa de remordimientos, me ha seguido hasta aquí para disculparse por haberse largado.

—No me arrepiento de nada.

—¿Acaso es de esos tímidos que recurren a su timidez para fascinar?

—No.

—¿Casado, entonces?

—Sí.

—¿Y qué hace un hombre casado, el fin de semana del 14 de julio, a la caída de la noche, siguiendo a una mujer por la playa?

—Probar suerte.

—Eso no resulta muy halagador para mí.

—Mi mujer se ha ido de viaje por su cuenta, toda la semana.

—Sigue sin ser muy lisonjero.

—Discúlpeme. Lo cierto es que no tengo por costumbre abordar a una mujer que camina descalza por la playa de noche.

—Sin embargo, eso no le ha impedido, hace un rato, abordar a una mujer casada en un bar.

—Ah, ¿está casada?

—Sí.

—¿Y su marido no está aquí?

—Tal vez esté con su mujer.

Estoy loca.

—No creo. Es demasiado seria para eso.

—Pero quizá mi marido sea un seductor fabuloso, un hábil adulador, al revés que usted.

Loca. Doy fe.

—Ha sido la primera. Es la primera vez que hago esto.

—¿La primera vez? Pues se muestra tremendamente atrevido para tratarse de un novato. A menos que «El champán es lo adecuado para usted» sea la réplica de un libro.

—Jamás se lo he dicho a nadie. Es usted la primera.

—He sido. Soy. La conjugación lo va acercando peligrosamente.

—Primero he visto sus piernas. He pensado en una frase de Charles Denner en una película de Truffaut. Luego las caderas, cuando se ha subido al taburete. Después la manera en que ha cruzado las piernas, casi a cámara lenta. Como un paso de ballet.

Touchée.

—¿Aún no me había visto la cara?

—Aún no le había visto la cara. Estaba tras su nuca cuando le he susurrado esa mala réplica de libro.

—Ha sido encantadora.

—No era usted el tipo de mujer que pide un cóctel de nombre ridículo, y que se ve obligada a soportar los patéticos movimientos del barman que lo prepara ante ella pensando que lo que tiene en las manos es la estatuilla de un Oscar de Hollywood. El champán era la única respuesta.

—¿Por qué se ha marchado?

—Porque tal vez le pareciese muy feo.

–¿Lo es?

–Se ha hecho de noche. Afortunadamente.

–Quizá yo no sea tan encantadora como cree.

–Es de noche.

–Ni tan joven.

–Noche cerrada.

–Me gusta su voz.

–Es la primera vez que pronuncia las palabras que le dirijo.

–¿Ya estamos otra vez?

–«¿Ya estamos otra vez?» Me recuerda a Roxana en *Cyrano de Bergerac*.

–«Embellecedlo, amigo mío. Embellecedlo.»

–Me ha turbado. Desde el preciso instante en que la he visto.

–Pero está casado.

–Y usted también.

–¿La ha engañado alguna vez?

–No.

–¿Y alguna vez ha tenido ganas?

–Ganas no.

–¿Ocasiones, entonces?

–Sí.

–«Embellecedlo, amigo mío. Embellecedlo.»

–Ninguna por la que valiera la pena perderse.

–¿Y si alguna la hubiera valido?

–Jamás se cruzó en mi camino.

–Y pese a todo me ha abordado. ¿Acaso merezco la pena?

Loca, loca y reloca.

–Sí, Roxana. Y usted, ¿lo ha engañado alguna vez?

–No me llamo Roxana, sino Louise.

—Louise. Es un bonito nombre. Deja un sabor azucarado en la boca, un final prolongado. Como un elegante burdeos.

—Podría haberme llamado Monique.

—Qué horror, un nombre de vino peleón. No, definitivamente Louise le viene como anillo al dedo. Y a mí me sirve. ¿Y bien?

—Tampoco. No lo he engañado nunca.

—¿No le ha apetecido?

Me echo a reír.

—¡Ya lo creo que sí!

—Entonces, ¿por qué?

—Esperaba a que un hombre me abordase en el bar de un hotel y me dijera con voz grave «el champán es lo adecuado para usted», que me siguiera por la playa de Le Touquet, a la caída de la noche para que no pudiese ver su horrible rostro, que no percibiera mi avanzada edad, que me cogiera la mano.

Me coge la mano.

—Que me inmovilizara.

Me inmoviliza.

—Se pegase a mí.

Se pega a mí.

—Me besara en el cuello.

Me besa en el cuello.

—Me dijese que lo pongo caliente.

—Me pone caliente.

—Y entonces largarme gritando.

Me largo.

Grita:

—¿Gritando qué?

—¡Encuéntreme!

Corrí como si me fuese la vida en ello.

Corrí hacia el dique, los cutres aparcamientos, el escenario levantado para el baile. Pasé por la muy animada calle de Saint-Jean, empujé a algunos, que me insultaron sin mala fe; me silbaron, como a una muchacha, una promesa; y yo reía, no paraba de reír, me sentía guapa; y en aquel momento lo era; os juro que lo era.

Y llegó el último 14 de julio del siglo.

La mañana de mi cumpleaños me levanté tarde.

Por primera vez desde hacía mucho tiempo, dormí desnuda. Por primera vez desde hacía mucho tiempo, recuperé las sensaciones primitivas del deseo; esa indulgencia con uno mismo que hace que todo resulte posible.

Varias veces durante la noche mi mano buscó el cuerpo del otro y halló la ausencia. El abismo. ¿Quién es el último, aquel con quien sabes que acabarás tu vida, sin claudicar jamás a la ternura, esa nimia bagatela, cómoda y casi insultante, que sucede a la pasión? ¿Quién es ese que seguirá inflamando nuestros cuerpos lastimados, nuestros cuerpos de madres, nuestros recuerdos de mujeres?

Pido el desayuno. No tarda en aparecer con él un camarero joven. Bandeja de plata, mantel blanco, pequeña rosa amarilla en un estrecho búcaro; la rosa amarilla significa «se anuncia una infidelidad», lo cual me hace sonreír. El muchacho tiembla. Cuando le digo que es adorable, huye, raudo como un lagarto.

Después tomo un prolongado baño, como Ariane Deume antes que yo, en *Bella del Señor,* cuando esperaba a su Señor.

Como yo; como esos miles de mujeres desarmadas ante la única obsesión de los hombres. La novedad.

A mediodía el dique era un hervidero de gente.

Una coreografía de bicicletas, patinetes y coches a pedales. Una pequeña comedia musical. Una vasta comedia humana. Los niños piden a gritos un algodón de azúcar o un helado italiano. Familias enteras se disponen a comer en la playa. Un anciano fuma mientras contempla a las muchachas que salen del agua. Parecen fotos de Robert Doisneau. Mujeres solitarias sonríen, por si acaso. Finalmente se cruzan miradas. Se traman encuentros. Los peligros toman forma. Los amores florecen con la esperanza de que ninguna mañana de septiembre los marchitará.

Por primera vez en mi vida, formo parte de esos amores de verano. Soy de las que se entregan al cazador. Soñando con que se llevará la pieza cobrada a casa.

Camino largo rato por el dique. Dejo atrás la playa a la altura de la avenida de Louison-Bobet; allí, en la arena, bajo una sombrilla amarilla, sentados en sendas sillas de playa de tela azul, un hombre parece dormir, una mujer lee un libro; de espaldas se parece a mi poetisa de Sainghin: la nuca pálida, el cuerpo ya tan cansado.

A unos treinta metros, por debajo de mí, apenas ocultos por las largas hierbas de las dunas, dos adolescentes de un rubio arena, cuya lentitud de gestos recuerda la prudencia de la infancia, mientras que la urgencia de sus cuerpos evoca la impetuosidad del deseo de los adultos, se besan de pronto en la boca y luego se separan con idéntica rapidez. La muchacha se pone a gritar:

—¡El amor es cuando te pican las manos, te arden los ojos y dejas de tener hambre!

De inmediato pienso en mis tres hijos ya mayores y formulo el deseo de que sean de esa raza de hombres que hacen que a las chicas les piquen las manos y les ardan los ojos. De los que huyen pero siempre acaban volviendo; como el hombre del bar, en definitiva, ese intruso maravilloso.

Me tumbo en las dunas. Cierro los ojos. Dejo que mis dedos se hundan en la tibieza de la arena, como serpientes. Los granos se deslizan como agua seca, el sol me calienta el rostro. El viento me levanta la falda, lo dejo hacer.

Una mano se posa en mi rodilla.

—Una palabra, para que reconozca su voz.

—Soy yo.

Entonces la mano sube a lo largo de mi muslo. Se detiene entre mis piernas y luego traba conocimiento con la novedad.

—¿Es su esposa quien le ha enseñado a acariciar así a una mujer?

—No. Pero mi irreprimible deseo de usted sí. Mi impudor.

—¿Ya no hace el amor?

—No lo bastante bien. No lo bastante a menudo.

—¿Ha dejado de desearla?

—Es a usted a quien deseo.

—*Palabras, de nuevo palabras, siempre palabras.*

—Soy sincero, Louise. Es la primera vez desde hace veinticinco años que deseo a una mujer como usted.

—Lo que desea es la novedad.

—Eso también.

—Pero cuando me haya besado, y quizá poseído, seré historia antigua. Un recuerdo de verano. Un trofeo de vacaciones: la bonita mujer de edad intermedia, casada, fiel, sola en Le Touquet un 14 de julio. Los hombres son ladrones que no conservan su botín.

—No lo creo. Voy a robársela a su marido. Voy a conservarla, Louise.

Entonces lo miro.

No debe de haber cumplido los sesenta todavía. Conmovedoras arrugas en las comisuras de los ojos. Ojos claros, hipnóticos y turbadores, como los de esos perros de trineo cuyo nombre siempre se me olvida. Mis dedos acarician las líneas de su rostro. Sus mejillas pican. Tiene los labios carnosos, como un fruto que dice «cómeme». No es exactamente guapo, pero le encuentro un poderoso encanto; un aire de Yves Montand en *Ella, yo y el otro,* la misma sonrisa seductora, la misma fuerza aparente, idénticas fragilidades desconcertantes. Entonces apoyo la cabeza en su pecho y me aprieto contra él, y su mano, que obra maravillas, se acopla a mi hombro. Caminamos así un buen rato por el dique. Acompasamos nuestros pasos, él reduce ligeramente el suyo, yo alargo el mío. Qué duro resulta el ritmo de las primeras veces. Sonreímos. No decimos una palabra. No hay otra cosa entre nosotros que ese nuevo calor, el de nuestro deseo por fin confesado. Nuestra impaciencia. Por primera vez desde mis maternidades, me siento guapa en brazos de un hombre.

Me siento deseada.

En un momento de melancolía, un día en que era tristemente consciente de que mi marido había empezado a hacerme menos el amor, calculé que, dejando aparte las risas, los hijos y otros momentos estupendos, veinticinco años de vida en común representaban asimismo más de dieciocho mil lavadoras, miles de horas de plancha, otros miles más dedicados a doblar, guardar, a coser un botón, a quitar una mancha persistente, a asegurarme de que su camisa favorita estuviera impecable para el día siguiente, para esa reunión tan importante; diez mil programas de lavavajillas, y al menos el doble de esa cantidad en movimientos para guardar los platos y los vasos en los armarios, separar los cubiertos, fregar una fuente, diez fuentes, mil fuentes, y ver como mis manos se iban estropeando poco a poco, notar las yemas de los dedos como un fino papel de lija. De manera que sí, una y mil veces sí, ¿por qué no correr el riesgo de sentirme dichosa por un día? Por fin. Solo por mí misma. En la pasión devoradora de un hombre. Ser acariciada de nuevo, una y mil veces, tal como él lo ha hecho antes, en las dunas, con esa urgencia que entendía mi hambre, despertaba mis olas dormidas, colmaba mis ansias de tormentas, de ahogamientos.

Y vaya si he gritado. Dios mío, qué vergüenza. He gritado tanto que sin duda toda la playa ha debido de oírme. La turbación hace que me ruborice. Monique nunca se habría atrevido a hacer eso, ni siquiera con su marido, sobre todo con él; jamás habría osado abandonarse, rodeada de gente, exponiéndose a que la sorprendieran.

En el bulevar de la Plage, a la altura de la calle de Dorothée, reconozco a la pareja de viejecitos a los que conocí la víspera, en el Mahogany. Ambos llevan un cárdigan del mismo tono beis. Van de la mano, como para impedir que el otro salga volando si por ventura el viento les jugara una mala pasada e intentase separarlos. Sin embargo, ellos no me ven. Me estremezco. Algún día querría parecerme a ellos, me digo. Querría tener a alguien al extremo de mi mano, que ya no la soltara nunca. Querría dejar de temer el paso del tiempo. La amenaza del tedio. O que el amor se acabe.

Quiero una historia que llegue hasta el final, preñada de adoración. Al igual que Filemón y Baucis, deseo creer que es posible envejecer juntos, morir a la vez y, como ellos, ser transformados en árbol.

En un *único* árbol.

Dentro de un rato voy a decirle que sí. Voy a decirle: ráptame, consérvame. Dentro de un rato le diré cosas sin vuelta atrás.

Hazmeelamornomepidaspermisotomasírveteráptame
todoestuyosoyvirgendetodoenséñamedespiértamellevo
demasiadotiempodurmiendoquierogozarreíryllorarcon
tigonotengomiedomegustantusdedosquemehurganme
recuerdanlosdeRobertKincaidenlacarreteradeMadison
cuandoseponealimpiarlasverdurasparalacomidaqueellaes
tápreparandoparalosdoslloréenelcinedeprontomeentra
ronganasdeesearrimarelhombroeneldeseoesepieenla
puertademisreticenciasganasdeesabrutalidadquedevorasí
teofrezcomimáshermososídimequetellamasRobertyque
tedisponesadevorarme.

—Me llamo Robert.
Y yo te amo. Pero eso no lo digo, me limito a responder:
–Me alegro.

Más adelante, esa tarde, cuando subíamos por la calle de
Saint-Jean para ir al Westminster, a mi habitación, de repente me detuve y me puse de puntillas –Dios, había olvidado
lo alto que era–, y lo besé como nunca me había atrevido
a hacerlo antes. Un beso febril, allí, en plena calle, en medio
de la gente. Un beso indecente. Poco habitual. Era el primer

beso, el más importante, el más íntimo, el que abría el vientre y el corazón.

Por supuesto, tuvimos derecho a una de las más estúpidas amonestaciones del mundo: «¡Hay hoteles para eso!». Y riendo repliqué: «¡No, si ya vamos, ya vamos!». Y Robert me estrechó aún más fuerte contra él, muy pegada a su deseo, cálido, duro, animal. Y me sentí halagada. Hermosa y única.

Más tarde, en la penumbra salaz y ardiente de la habitación del gran hotel, tras la embriaguez de nuestros abandonos, tras las perversidades luminosas, las inconveniencias indecentes, las caricias brutales, inéditas, tras las lágrimas que constituyen la esencia misma del goce, al límite de la asfixia, como si mi vida estuviera en juego, como si se tratase de mis últimas palabras, de mi último aliento, pude por fin confesar mi urgencia en saberme deseada, en ser poseída una y otra vez, en pertenecer de nuevo a un hombre.

Graciasgraciasgracias.

El cielo está negro y el dique es un hervidero de gente.

La gente canta, bebe, ríe. El último 14 de julio del siglo recuerda esas grandes fiestas en las que a nadie importa lo que vendrá después, la resaca y otras desilusiones.

Robert y yo caminamos despacio. Vamos de la mano, como los encantadores viejecitos que hemos visto antes, esta tarde. Nos arden las manos, nuestra sangre se nos antoja espesa, un río turbulento, alegre, insaciable.

A lo lejos ruge el mar, se diría una fiera hambrienta, agazapada en la oscuridad a la espera de su presa. También los niños forman parte de la partida: en la playa, los chiquillos bailan con sus madres riendo un poco demasiado fuerte, las niñas con sus padres, aplicándose a mostrarse encantadoras y preciosas, a ser ya adultas, ¡ah, si supieran!

En la inmensa pista de baile, coronada por bombillas amarillas, azules, verdes, rojas, la orquesta ha atacado las primeras notas de *Hors Saison*. Algunos aprovechan la dulzura de la melodía para acercarse; otros para pegarse, fundirse, iniciar preliminares que excitarán la piel, el sexo, antes de degustarse, de devorarse, en las dunas o en los húmedos dormitorios de las viviendas alquiladas junto al mar. Nosotros no les vamos en zaga. Nuestros dedos se siguen explorando, se trituran, nuestras bocas se devoran, ardientes con esta pasión nueva, inesperada, que aniquilará nuestras vidas anteriores.

Más allá, en la playa, una mujer de unos treinta y cinco años permanece a solas; acaba de encender un cigarrillo, es la llama del encendedor lo que ha atraído nuestra atención. Contempla el humo ascender en la noche, lo sigue con la vista hasta que se desvanece por completo, tal como sigues con la mirada, durante largo rato, incluso después de que haya desaparecido, a alguien que te deja. Esboza unos pasos de baile, pero la soledad no es buena pareja de danza. Elimina la ligereza. Provoca la falta de garbo.

Después se aleja hacia el mar, vacilando con cierta desenvoltura, hasta ser engullida por la fría oscuridad.

En uno de las efímeros puestos de bebidas pedimos dos copas de vino, un pésimo vino peleón, del color de la granadina, pero tanto da. Brindamos por nosotros, en silencio, rodeados del ruido y los gritos de los demás, y levanto mi copa por mi impetuoso renacimiento, formulando el deseo de que en adelante nada cambie, que Monique no regrese jamás. Y como si de repente existiera un Dios allá arriba, a la escucha de los deseos y las penas de este mundo, en el preciso momento en que ofrezco mi copa al cielo, al norte, hacia Hardelot, los primeros rosetones de colores de los fuegos artificiales empiezan a brillar; es nuestro bautismo; el mar capta algunos fragmentos fugaces, destellos de piedras preciosas: diamantes rosa, turmalinas de Paraiba, topacios color uva, que se apagan como diminutas centellas en contacto con el agua.

Entonces Robert prorrumpe en carcajadas, y su risa constituye un regalo.

Más tarde, le pregunto. Y él me cuenta. Tres hijos también, como yo. Agacho la cabeza con una sonrisa. Arquitecto. Bonitas casas, mucho tiempo atrás, líneas audaces, vanos inéditos en la estructura. Después casas feas. El dinero no garantiza el buen gusto. Al igual que no prioriza lo acogedor. Y más tarde edificios, cajas de zapatos para amontonar en ellas a la mayor cantidad de gente posible, tabiques de cartón a fin de reducir costes, embaldosados procedentes del otro extremo del mundo, que se resquebrajaban cuando algo les caía encima. Había que construir deprisa, era una cuestión de política, de elecciones, de sobornos. El asco se hallaba siempre presente, pero nunca había tenido valor para dejarlo, para realizar su casa soñada. Ahora bien, desde ayer, Louise, desde tu copa de champán en el Mahogany, desde tus piernas como compases, desde tu nuca, eso es lo que he decidido hacer, si estás de acuerdo: construir una casa, una casa para ti y para mí, un lugar donde ningún otro haya vivido antes que nosotros, donde las paredes no albergarán otros recuerdos que nuestras palabras, nuestros suspiros y nuestros alientos. En ella no entrará nada que no hayamos elegido juntos.

Le acaricio el rostro, dejo brotar las lágrimas, a freír espárragos el maquillaje.

—Estoy de acuerdo, Robert. Yo también deseo lo mismo.

Una vez más, pienso que estoy loca. Y me encanta.

De pronto, un ruido aterrador en el cielo nos sobresalta a todos.

La gente ha dejado de bailar, las risas han callado. Un niño grita.

Un helicóptero. Un fragor de batalla.

Todos miramos fascinados el aparato, que vuela muy bajo, se lanza hacia el mar allá a lo lejos, donde un giro-faro azul no para de dar vueltas. A su paso, la arena se levanta, sale volando, dibuja un largo velo, una estela de dolor. El helicóptero se posa, apenas unos minutos. Después vuelve a dirigirse hacia el norte, engullido por la noche.

Un silencio del fin del mundo cae sobre el dique, antes de que de nuevo resuene la música de baile. Las risas. La vida.

Michel de Nostredame, llamado Nostradamus, se equivocó.

Un gran Rey de espanto no vino del cielo, no destruyó Le Touquet, como sí hicieron, en cambio, las bombas de la Luftwaffe cincuenta y nueve años atrás.

La mañana del 15 de julio, cuando despertamos tras nuestra primera noche juntos, hacía un tiempo estupendo, el cielo aparecía límpido, una superficie de Klein; los niños habían desplegado ya sus grandes cometas, triangulares, romboidales, así como varios dragones chinos.

Qué extraño momento aquel en que, tras la ceguera, sobreviene la cruda realidad. Los ojos cansados. Las ojeras. Las arrugas. Las primeras manchas color óxido en las manos.

Sin embargo, nosotros nos encontramos guapos. Y nos lo dijimos.

Luego —cosa de la que jamás habría imaginado ser capaz en tiempos de Monique—, tomamos un baño juntos. Por primera vez en mi vida, a los cincuenta y cinco años, un hombre me lavó el pelo, la espalda, el vientre, el sexo —al verlo vacilar un segundo, lo animé a ello—, las nalgas, las piernas. Un placer nuevo, turbador, intenso, me inundó. Cuando me besó en la mejilla, percibí una lágrima en la suya.

Allí estábamos, pues, en el presente.

Ya no había vuelta atrás.

Lamentablemente, solo había reservado dos noches en el Westminster y mi habitación estaba ocupada para esa noche. Tras informarnos, pudimos constatar que el resto de los hoteles de Le Touquet, de Hardelot e incluso de Étaples estaban completos.

Es la semana del 14 de julio, señora. Para nosotros, la semana de mayor ocupación del año. Antes el viento sopla. Después, las tormentas acechan.

Robert y yo nos pasamos más de una hora al teléfono y acabamos por encontrar uno en Wissant, cincuenta y ocho kilómetros al norte. El Hôtel de la Baie. Una bonita habitación con vistas al mar.

Salimos después de comer, en mi coche. Ni él ni yo deseábamos volver a casa, tener que anunciar lo irremediable. Queríamos seguir aprovechando la compañía mutua, seguir degustándonos, seguir permitiéndonos creer en ello.

Solo el tiempo de adorarnos, de decírnoslo, el tiempo de fabricar recuerdos.

Sin embargo, antes será necesario que cuanto nuestros cuerpos hayan quemado aquí, lo que nuestras palabras hayan liberado, nuestros gestos audaces descubierto, todo lo que nuestros deseos y nuestro goce irreprimible hayan cambiado en nosotros para siempre, que nada de todo ello se haga trizas en lo efímero, en la impunidad de una pasión de verano, sino que se convierta en la sal y la sangre misma de nuestras vidas. Hasta el final. En definitiva, que seamos recíprocamente el último para el otro. Solo entonces, después de eso.

Después habrá casas que vaciar, recuerdos que borrar, muebles que vender. Y una casa que construir.

Después vendrá una nueva vida, un nuevo vocabulario. Una confianza absoluta. Definitiva.

Después.

El hotel era sencillo y agradable; la acogida, entusiasta. Mucha gente en la playa, familias en su mayoría. De pronto estábamos lejos del ambiente de Le Touquet, de la chulería de algunos parisinos, de la violencia sorda de algunos jóvenes. Wissant (en el Nord-Pas-de-Calais se pronuncia *uisán*) es un pequeño municipio que se encuentra en el centro de una bahía delimitada por dos conjuntos de acantilados. Los del cabo Gris-Nez, de cuarenta y cinco metros de altura, y los del cabo Blanc-Nez, más elevados (ciento treinta metros), ideales en caso de inmensos e inconsolables desamores. Aquí, la erosión produce trágicos destrozos y redibuja cada año el mapa del litoral. Los veraneantes vienen en busca de las playas interminables, los paseos, la tranquilidad, la belleza de los acantilados y de las puestas de sol. Robert y yo para quedar exhaustos de amor.

Nos pasamos tres días y tres noches en la cama. Hicimos el amor a menudo, aprendimos a rozar los abismos, abandonamos nuestras últimas resistencias. Hablamos mucho. De nosotros. De nuestra vida anterior, de los hijos que se habían marchado demasiado pronto, del silencio subsiguiente. De los sueños jamás cumplidos. Todas esas pequeñas vidas que absorben una vida. De la que ahora nos esperaba. Sin trabas, sincera, íntegra. También supimos guardar silencio, largos ratos. Para escuchar nuestro nuevo

126

vocabulario amoroso: latidos del corazón, respiración, estremecimientos, suspiros, e incluso el sueño del otro.

Al cuarto día nos echamos a la calle por fin. Fuimos a comer al cabo Gris-Nez, a La Sirena, «restaurante en primera línea de mar, negocio familiar desde 1967». La vista desde allí es magnífica. A lo largo de tres días Robert y yo habíamos estado aislados del mundo; cuando llegamos al restaurante, la gente no hablaba de otra cosa: dos chiquillos que esa misma mañana recogían conchas marinas habían divisado a unos cincuenta metros de ellos lo que en un primer momento tomaron por un pequeño cofre oscuro caído de un barco pirata, surgido del fondo del mar, o del *Titanic*. Se acercaron y a uno de ellos le dio un pasmo. No se trataba de ningún cofre del tesoro, sino del cuerpo de una anciana, dilatado, hinchado, sin duda tras largos días pasados en el agua. Una rápida investigación no había revelado nada –el mar constituye uno de los mayores enterradores de pruebas–, de manera que la gendarmería hizo transportar el cuerpo al instituto forense de Lens.

Desde entonces ninguna noticia. Nadie sabía nada. Todos se limitaban a imaginar, formulaban sus pequeñas hipótesis, incluso las más sombrías.

Me pregunté de qué forma moriría yo. Algún día.

Al igual que todos los clientes, tomamos un almuerzo *ligero*.

El recuerdo de esa pobre mujer impedía ingerir pescado o marisco. Los dueños estaban consternados. Bien, pues entonces pasemos a las verduras, y alguna carne, ah, solo me queda rosbif frío, y queso; tenemos un maravilloso Saint-Winoc de la granja Degraeve, y unas hermosas

Boulettes d'Avesnes, maduradas en cerveza durante tres meses.

Después de comer dimos un último paseo por la inmensa playa; la larga caminata hacia el cabo Blanc-Nez.

Se levantó un viento tibio; nos azotaba las mejillas coloradas, arrastraba nuestras risas, los suspiros que prolongaban nuestros besos. En un rato volveríamos a casa, y ese momento no nos asustaba.

Muy al contrario.

Conduciré hasta mi casa, cerca de Lille; llegaré a la hora de cenar.

Pediré a mi marido que se vaya, que no vuelva nunca, y no le daré ninguna explicación. Lo verá con claridad en mi rostro, en mis pómulos teñidos de rojo, en mi cabello pegoteado por la sal, en mis largas piernas que ya había dejado de mostrar, verá que estoy tremendamente enamorada, poseída, que ahora pertenezco a otro, que es mi última oportunidad. Y se marchará, sin ruido, sin romper nada, sin exigir nada.

Se borrará.

Entonces acogeré a Robert en mi casa, en mis brazos, mi cama, mi vida. Para lo que me quede de ella.

A partir de mañana me dedicaré a vaciar.

Tiraré las cosas inútiles.

Los recuerdos molestos.

Las mentiras necesarias.

Todas las bobadas, las tonterías, las fealdades de una vida pasada al servicio de los demás.

Pondré en venta, o regalaré, todos los muebles que no pensamos conservar.

Luego él diseñará nuestra casa.

Ruborizada, le he pedido una cama enorme, una gran bañera; un jardín –sueño con un huerto, para cuando seamos viejos–; le he pedido que me quiera siempre, como hace exactamente seis días, ese 14 de julio tan especial en que, por mi cumpleaños, me regaló su persona, sus impudores, los increíbles reencuentros; le he pedido que me regale siempre cinco jacintos rojos; le he pedido que me desee siempre, siempre, que me folle siempre, con avidez y descaro, y él me ha dicho sí, sí, Louise, sí, todo lo que quieras. Todo. Todo.

Y no mentía, y por primera vez he visto el color de sus lágrimas.

En la A25, que nos devuelve hacia Lille, a la altura de Steenvorde, hago un alto en el área de Saint-Éloi para llenar el depósito.

A punto ya de arrancar, me suena el móvil. Veo el número en la pantalla. Contesto. Es uno de mis hijos. Me pregunta cómo estoy, me felicita por mi cumpleaños y, sobre todo, se disculpa por no haber podido llamarme el 14 de julio, porque ese día y los siguientes se encontraba en el Burren, en la costa oeste de Irlanda. Me explica que es lo que se conoce como «el lugar pedregoso», una inmensidad cárstica y desértica, donde se encuentran montones de vestigios celtas y prehistóricos pero ningún teléfono, mamá, ni siquiera una antigualla de baquelita, se disculpa.

–No tienes por qué disculparte, cariño… Sí, un cumpleaños estupendo. Gracias. (Apoyo la mano en la rodilla de Robert.) … El más bonito de mi vida… Sí… Sí… Lo tengo al lado… Te paso a papá.

Entonces tiendo el móvil a mi marido.

–Toma, es Benoît.

Luego le doy al contacto, meto la primera y acelero hacia nuestra nueva vida.

Rosa

Hace unos meses, por nuestro cincuenta aniversario de boda, unos amigos nos regalaron un par de cubiertos de plata, con nuestros nombres grabados, un álbum de fotos que recopilaba bonitos recuerdos y el último disco de un cantante de moda, *Hors Saison*.

Nos gustó el título y apreciamos la melodía, pero no tanto la melancolía de la letra.

Le vent transperce
Ces trop longues avenues
Quelqu'un cherche
Une adresse inconnue
[«El viento atraviesa / las demasiado largas avenidas /
alguien busca / una dirección desconocida.»]

Sin duda también nosotros estábamos fuera de temporada.

No habíamos vuelto a Le Touquet desde hacía varios años.

Los años, justamente, nos habían cargado de dolores, las articulaciones de nuestros dedos se iban oxidando poco a poco, nuestras piernas se debilitaban, nuestros cuerpos se habían vuelto livianos y el viento, en ocasiones violento por estos lares, imprevisible, habría podido llevarse con facilidad a uno de los dos.

Ahora bien, pese al espanto de los años negros, pese al hambre, el miedo, pese a las sonoras carcajadas de los jóvenes soldados que nos miraban caminar por la playa hablando de cuál de los dos reventaría antes, pese a todo lo que una guerra arranca y ninguna paz puede sustituir, pese a las palabras sobre masacres, aún más terribles que lo que describen, habíamos guardado recuerdos dichosos de este lugar.

Aquí, más tarde, una vez lavada la sangre y desaparecido el infortunio, barridas ya las ruinas y los desastres, entonces vinieron los paseos a caballo, las salidas en barco, los gritos despreocupados, algunas risas.

Entonces sopló un viento de libertad, salado, violento, que apaciguó nuestros recuerdos y arrastró lejos de nosotros nuestros terrores.

Entonces hicieron acto de presencia nuestras noches, audaces y graves, justo después de nuestra boda, en los albores del año 1949, en una acogedora habitación del hotel Westminster.

Llegaron también las mañanas golosas, atiborradas de chocolates de Au Chat Bleu, en la calle de Saint-Jean, dulces y generosas como los besos nuevos que nos dábamos una y otra vez, que intercambiábamos en la playa helada y ventosa, a menudo invadida por los gritos de unas gaviotas enormes, mientras hacían su aparición, cual diablillos, los niños histéricos y sus cansadas madres.

Aquí los padres siempre han dado muestras de gran lasitud; sin duda porque el mar suele estar tan lejos que hay que caminar largo rato para llegar a él, y durante ese lapso el deseo se atenúa y la vanidad de las cosas se pone de manifiesto.

Los niños gritan, se impacientan, tiran con todas sus fuerzas del cuerpo ralentizado de sus padres, que se les antojan grandes rocas; así empiezan a descubrir, todavía sin saberlo, la fiereza de la impaciencia.

Aquí, por la noche el mar se retira. La luna festonea de plata la cresta de las fatigadas olas, que hoy dibujan las mismas arrugas visibles en nuestros envejecidos rostros; resaltan nuestras vidas consumidas. Hace casi cincuenta años dibujaban velos de novia, sutiles, delicados, que dejábamos salir volando, revelándonos el uno al otro, tímidos y voraces a un tiempo.

Nos conocimos a pocos kilómetros de aquí, un verano, hace cincuenta y seis años.

Nos conocimos en la agitación de los cuerpos, en el repugnante olor a carne quemada, rodeados del estruendo de los horrores, sin saber si tendríamos la oportunidad de alcanzar la edad adulta, el tiempo de las pasiones.

Teníamos diecinueve y veinte años.

La electricidad había vuelto.

De nuevo encontrábamos pan, ya no aquel infecto *brignon* sin levadura. Algunos jardincillos convertidos en huertos proporcionaban patatas, puerros, zanahorias, coles, colinabos y aguaturmas. Hacíamos tortillas con huevo en polvo. Las tripas y las morcillas habían vuelto, traídas de Wimereux, de Étaples, de Beussent. No obstante, aún escaseaban muchas cosas. Como el café o las briquetas de carbón.

De manera que mezclábamos *flou,* polvo de carbón, con *marlette,* una arcilla grasa, con el fin de cubrir el fuego y economizar carbón el mayor tiempo posible. El café estaba racionado y era repugnante; lo llamábamos *malta-caf*. Algunos iban a buscarlo a Bélgica, y regresaban con tabaco para los hombres y jabón de la marca Sunlight, ocultos en el dobladillo del abrigo.

Por entonces residían en la zona cuarenta mil alemanes; por fin nos dejaban tranquilos, tras haber saqueado las villas y los hoteles de los alrededores, y destruido el inmenso hotel Atlantic para enviar los materiales de derribo a Alemania, en provecho de la organización Todt. Al presente se atareaban en la construcción de muros destinados a protegerlos de un posible desembarco aliado. Más lejos, hacia El Havre, la Kriegsmarine instalaba baterías pesadas, las monstruosas V1 y V2. En las dunas, donde de niños habíamos soñado a menudo contemplando las estrellas, y excavado tantas minúsculas zanjas para jugar a las canicas, ya no había más que blocaos, minas y aterradores búnkeres. En la playa se levantaban estacas —los famosos «espárragos de Rommel», para impedir aterrizar a los planeadores y los paracaidistas—, en las que se empalaban nuestros sueños de libertad. Nos habían destrozado la infancia, no subsistía nada hermoso de ella. Tan solo la debilidad, la vergüenza. Tan solo una rabia inútil.

Ya no íbamos a la escuela. Trabajábamos rodeados de mujeres y de maridos quebrantados —varios heridos graves, algunos casos de tifus exantemático, de disentería bacilar, y una inmensa cólera siempre presente—. Uno de nosotros en el hospital de Cucq, con las monjas; el otro, en el Hôtel des Marées.

Uno limpiaba la suciedad de los cuerpos, el otro la de los hombres.

Nuestros padres habían desaparecido. Los del uno, tres años atrás, durante los primeros bombardeos de la Luftwaffe en el aeródromo. La madre del otro no había sobrevivido a su nacimiento. El padre se había unido a la Resistencia, a la sección Georges-Bayart, perteneciente a la red del capitán Michel, y nadie, ni siquiera más tarde en un libro de historia, tuvo jamás noticias suyas.

Nos convertimos en huérfanos.

Nuestro sufrimiento nos imantó el uno hacia el otro. No hubo flechazo, ni estrellas en los ojos, ni corazones acelerados, tampoco bonitas réplicas de libro, tan solo una mirada; una mirada imperiosa, una cuerda a la que aferrarse.

Esa tarde se produjeron explosiones hacia el estuario del Canche.

Seríamos un centenar. Corrimos hacia la playa de la Corniche. Los soldados alemanes gritaban. *¡Mina! ¡Mina!*

El cuerpo de un hombre saltó por los aires. Las manos se le desprendieron de las muñecas, sus dedos revolotearon un instante, trazando magníficos arabescos sanguinolentos, como pinceles color amaranto, para luego caer bruscamente cual pajarillos fusilados y aplastarse con un ruido apagado.

Corríamos juntos, codo con codo, al azar de nuestros terrores, cuando una ráfaga de disparos, muy cerca de nosotros, nos obligó a hundirnos en la arena el uno en brazos del otro. Nos embargó la sensación de que ya no teníamos aire, ni cuerpo, ni carne, ni peso.

Entonces, nosotros, Rose y Pierre, que no nos conocíamos, nos hicimos una promesa desesperada. La de casarnos.

Si ambos sobrevivíamos a aquella guerra, moriríamos juntos. Algún día.

Y ese día ha llegado.

Le Touquet estaba devastado.

El 4 de septiembre de 1944, el ejército canadiense liberó sin lucha una ciudad desierta, abandonada; aniquilada por la vergüenza. Nosotros habíamos huido varias semanas atrás y, en la confusión, nos habíamos perdido el rastro.

Estuvimos casi cuatro años sin noticias el uno del otro.

Nos escribimos cartas, que jamás llegaron a su destino. Cartas que enviamos, al albur de nuestros recuerdos, a las oficinas de Correos de ciudades de las que habíamos hablado de vez en cuando, las tardes en que nos encontrábamos para tomar una limonada o dar un paseo por las dunas. Arras, donde uno de nosotros había nacido. Bapaume, donde vivía una tía. Niza, donde el otro iba a veces de vacaciones antes de la guerra. Èze. Vence. Villefranche-sur-Mer. Ciudades que no habían conocido el furor de los hombres. Solo su cobardía.

Esas tardes aprendíamos a descubrirnos, poco a poco, sin plantearnos nada, sin la menor idea del mañana, sin verbos conjugados en futuro, aunque ciertos susurros febriles de los hombres evocaban un desembarco aliado. Un día. Una noche. Un mundo nuevo.

Ya nos habíamos ofrecido al otro sin haberle dado nada todavía.

Los equipos de desminadores necesitaron tres años para retirar las noventa y dos mil setecientas cuarenta y siete minas y los artefactos explosivos que los alemanes habían enterrado en el municipio de Le Touquet, lo que lo convirtió en el más minado de Francia. Luego, bajo el impulso del doctor Pouget, las ruinas desaparecieron. El mal retrocedió. Las cicatrices se desdibujaron. Se reconstruyó la ciudad y se amplió el aeropuerto. Volvieron las sonrisas, con cautela. Por la tarde, en las terrazas de los cafés, de vez en cuando se oían carcajadas. Risas contagiosas.

Fue en esa ciudad, donde la vida renacía, donde nos reencontramos, cuatro años después de la huida y el trueno.

El lunes 20 de septiembre de 1948.

Hacía frío, apenas siete grados. Nos cruzamos en la esquina de la calle de Londres con la de la Paz, una casualidad digna de una película los nombres de las calles, una comedia romántica nuestro reencuentro. El viento nos alborotaba el cabello, ocultando brevemente nuestras miradas, como en ese juego infantil que consiste en tapar los ojos al otro y preguntarle «¿quién soy?, ¿quién soy?». Nos reconocimos inmediatamente.

Aquellos cuatro años aún no habían golpeado nuestros rostros. No nos apresuramos a hablarnos. Ni a sonreírnos. Solo hubo ese aterrador segundo de incertidumbre, los ojos que buscaban señales. Una alianza en el anular. Un pequeñín escondido detrás del amplio abrigo. Una voz clara que grita «¡mamá!». Un hombre o una mujer que se acerca al otro con una barra de pan, un periódico, un ramo de flores; una vida que se está escribiendo.

Entonces nuestros brazos se abrieron.

Habíamos atravesado los dos últimos años de guerra juntos, nos habíamos perdido durante cuatro años, pero cada cual había esperado al otro.

Sin habernos elegido, como la mayoría de la gente.

Nos temblaban los labios. Nuestro primer beso tuvo la torpeza de un auténtico primer beso. Reíamos y llorábamos al mismo tiempo, dos supervivientes que se reencuentran. De repente nos atrevíamos a creer en el mañana. En todos los futuros posibles.

A partir de ese momento nos dedicamos a crear uno solo. Para siempre.

Hoy, en Le Touquet, el dique es un hervidero de gente. Bicicletas, *skates* (hemos aprendido esta palabra recientemente, pero no estamos del todo seguros de su ortografía), coches a pedales y patinetes componen un alegre ballet. Las familias hacen picnic, protegidas del viento con biombos de tela; recuerdan las que fotografiaba Cartier-Bresson a orillas del Marne o en los guijarros de la playa de Dieppe. Los niños, de un intenso color dorado, se camelan a sus padres para conseguir una manzana de caramelo o un gofre chorreante de chocolate.

En nuestro caso, las meriendas de verano tenían el sabor de las galletas secas y la limonada, de vez en cuando el de un caramelo de palo. Los padres estaban en la guerra y las madres cuidaban de los que volvían de ella, tras haber perdido un brazo en la batalla, o un ojo, o una mandíbula, o la razón, o a veces todo a la vez.

En la playa hay cuerpos que se desvelan, poco a poco, con timidez, como crisálidas; otros se exponen abiertamente, echan a volar orgullosos en los partidos de voleibol. Reina un aroma mareante a aceite solar, tabaco negro, sal y moluscos muertos.

A la altura de la avenida de Louison-Bobet, algo apartada, una mujer lee *Cartas a un joven poeta,* de Rainer Maria Rilke. Está tremendamente pálida, parece enferma

—una nueva Madeleine de la novela de Balzac *El lirio en el valle,* víctima de una incurable tisis romántica—. Muy cerca de ella, sentado asimismo en una silla plegable de tela azul, un hombre mira al mar sin verlo. Tiene la mitad de nuestra edad, pero ya parece consumido.

Nos gusta este rincón de playa. Vinimos aquí todos los veranos a lo largo de veinte años. Asistimos a la construcción del centro de talasoterapia, orgullo de la ciudad. Vimos a los niños hacer flanes de arena, bañarse, jugar a los piratas y, más tarde, hacerse los gallitos con las chicas, que también habían crecido. Amamos aquellos años, su cómoda y tranquilizadora repetición. También nuestra hija Jeanne creció a lo largo de aquellos veranos, mecida por el rumor regular de las olas, de ese mar que se retira lejos, muy lejos, tan lejos que a cada marea parece haber desaparecido.

Hoy somos nosotros los que hemos venido a desaparecer.

Extendemos las toallas; Dios, hasta qué punto ese gesto antaño tan ligero, aéreo, se ha convertido en una mecánica compleja. Necesitamos ser dos para conseguirlo, a causa del viento, de nuestros brazos torcidos; y como siempre, eso nos hace reír.

Nuestra vieja complicidad, que a veces arranca una sonrisa a la gente.

Hace un rato, viniendo hacia aquí por las dunas, nos hemos cruzado con dos jóvenes enamorados. Ella tendría unos trece años, y él quince. Estaban tumbados juntos en la arena, y contemplaban el cielo como quien intenta leer el futuro. Hablaban del fin del mundo próximo. Hablaban de lo que significa estar enamorado. Hablaban de un beso, precisamente antes del fin del mundo.

Eran guapos. Él la llamaba victoria.* Pronunciaban sus primeras palabras de amor, esas que nosotros jamás pudimos decirnos, a causa del fragor de la guerra. En un momento dado se han besado. Brevemente. Dos animalitos que entrechocan. Luego la muchacha nos ha visto, mientras caminábamos despacio, ligeramente encorvados, y nos ha sonreído. La melancolía le había dibujado una boca graciosa. En cambio, el joven mostraba de pronto un semblante grave.

Trababan conocimiento con otra guerra.

La del deseo. La de la incertidumbre.

Nos casamos dos meses después de nuestro reencuentro, en noviembre de 1948.

Nos costó mucho obtener todos los certificados necesarios, debido a la duda que subsistía sobre el padre de uno de nosotros, que se había unido a la Resistencia, y del que nadie había tenido noticias jamás. Decidieron darlo por desaparecido. «Darlo por desaparecido», como si se lo entregaran a alguien. Alguien que lo llevase a un lugar donde se desaparece. Donde uno no deja huesos ni polvo. La fórmula resultaba glacial. Éramos huérfanos. Con nuestro matrimonio iba a fundarse nuestra única familia.

La fiesta fue muy sencilla. Delante de la iglesia, en el mismo atrio, se dispuso una mesa. Un mantel blanco, como un vestido de baile o una sábana de la primera noche. Las monjas del hospital de Cucq trajeron pasteles, el hermano del cura varias botellas de calidad, y nos reímos. Marcel, el funcionario del ayuntamiento, sacó su

---

* Juego de palabras con el nombre de la chica, Victoire, que significa «victoria». *(N. de la T.)*

143

acordeón, un Crucianelli rojo como la Navidad, y una mujer interpretó a Piaf, con talento: *Va danser, Madeleine qu'avait du coeur, J'suis mordue, Les Amants de Paris* —evitó *Mon légionnaire*—, y noviembre tuvo fragancia de mayo, soplaban vientos de libertad; ese soplo fue nuestro gran regalo de bodas.

Nos instalamos en Valenciennes, donde ambos habíamos encontrado empleo en los grandes almacenes Mascaux, que vendían tejidos por metros, artículos de mercería, patrones de costura, telas para decorar, colgaduras, colchas. Había tanto que coser, arreglar y remendar tras aquellos años de cenizas, de fósforo blanco y de lágrimas… La ropa. La piel. El corazón.

La ciudad, al igual que los almacenes, había sido bombardeada y la reconstrucción resultaba lenta y dolorosa, pero las flores y los sueños de los hombres siempre vuelven a brotar.

Uno era vendedor, la otra costurera.

En la tienda reinaba un ambiente agradable; todo el mundo se entendía bien gracias a la amabilidad y la benevolencia del señor Jean, el jefe.

Vivíamos en una minúscula vivienda, en la calle de Milhomme, que daba a un pequeño jardín triste. Habíamos plantado en él coles, chirivías, aguaturmas, tomates y nabos, como todos los niños de la guerra. Y si bien ese año proyectaban *Bambi* en el cine, si bien la magia llegada de América intentaba hacernos soñar, nuestras vidas recordaban más las películas de Henri Decoin y de Julien Duvivier. Una gravedad sorda, una aflicción que podía volverte malvado, algunas risas, todavía escasas, y sobre todo una inquietud de la que no lográbamos librarnos por completo. Nuestra vida seguía teniendo el olor de la vergüenza, el sabor de una huella indeleble. Durante mucho tiempo, los petardos del 14 de julio o la detonación de un tubo de escape nos arrojaban, asustados, al uno en brazos del otro. Sin embargo, nuestras lágrimas siempre acababan en risas, porque habíamos permanecido con vida, y porque seguíamos juntos.

Los almacenes Mascaux iban bien. A veces las clientas venían de lejos, y se marchaban con estrellas en los ojos. En septiembre de 1950, el señor Jean organizó unas «rebajas a la americana»; había descubierto el principio en el periódico. Se trataba de bajar los precios de hora en hora; para las clientas, el gozoso dilema consistía en elegir entre comprar una pieza a determinado precio, sabiendo que sería más barata en las horas siguientes pero que tal vez ya no estaría disponible, o bien esperar. Lo cual dio lugar a gritos histéricos, apuestas, una alegre algarabía. La noche de las rebajas —que tuvieron un tremendo éxito—, el señor Jean nos invitó a todos a Le Vieux Manoir, en Aulnoy-lez-Valenciennes. La dueña, la señora Petit, servía carne de caballo cocida —procedente del criadero de Plichon, quien, para acallar las malas lenguas, paseaba a sus caballos del cabestro a fin de mostrar a todos que su carne provenía de un animal joven y no de un viejo jamelgo— y patatas machacadas con algo, muy poco, de tocino. Todo tenía mal sabor, pero un vino espeso como la sangre hacía olvidar todas las miserias. Nos sentíamos felices en su compañía. Las risas volvían a hacer acto de presencia.

Al año siguiente, por Navidad, recibimos una paga doble, lo que nos permitió cambiarnos a una vivienda más amplia, que contaba con una pequeña habitación más.

Nos dijimos que tenía el tamaño perfecto para albergar una cuna y, en los meses siguientes, una cama infantil.

Jeanne nació cuatro años después, a principios del verano de 1955; el año de la película *Noche y niebla,* de Resnais, y del 2.25 de Chanel, un bolso que durante mucho tiempo soñaremos con ver colgado del brazo de Rose.

Jeanne no era lo que se dice un bebé guapo; al menos al nacer. Sin embargo, suponía una tremenda esperanza para los dos, una vida en un mundo sin guerra, sin esos tormentos que necrosan el alma. Fue un parto fácil; en menos de una hora estaba con nosotros, rodeada de gritos de alegría.

Nueve horas después, una vez de vuelta en casa, varios amigos de los almacenes y dos vecinos nos esperaban con vino clarete llegado de Provenza, fruta y esquejes de rosal; llevábamos mucho tiempo soñando con rosas debido a mi nombre, Rose.

Bebimos con alegría y plantamos los rosales: se trataba de las variedades Eugénie Guinoisseau, de un rojo cereza veteado de violeta, de hojas oscuras, y Madame Alfred de Rougemont, de un blanco delicado levemente rosado.

Al igual que nuestras vidas, nuestro huerto cobraba color.

Improvisamos un picnic; comimos tomates que íbamos arrancando de la mata, similares a rábanos grandes, y los espolvoreábamos generosamente con sal. Fuimos en busca de otras botellas de vino, pan negro, salchichón, y, por primera vez desde la guerra, reímos sin parar, sin reservas ni temores de ningún tipo. Con Jeanne era la vida lo que resurgía, rosa como sus mejillas, rosa como las rosas.

El verano de 1955 fue un hermoso verano. Cantábamos a Charles Trenet, Cora Vaucaire, Francis Lemarque y Georges Brassens, y el señor Jean nos obsequió algunos días de vacaciones. Decidimos volver a Le Touquet, por primera vez desde nuestro reencuentro, siete años atrás. Allí nos convertimos en unos padres solícitos y torpes como tantos otros –de los que más tarde nos burlaríamos–, preocupados por el viento que podía irritar los ojos de Jeanne, por el sol que podía quemarla, por una posible deshidratación, por una maldita avispa que revoloteaba demasiado cerca. Ya no teníamos a nuestras madres para enseñarnos el arte de la paternidad, tranquilizarnos y abrazarnos cuando estábamos tristes o simplemente cansados.

Aprendimos a crecer al mismo tiempo que nuestra hija; y hasta es posible que en el fondo fuera ella quien cuidara de nosotros.

Dos años más tarde Jeanne tuvo un hermanito durante treinta y cuatro horas.

Cerca de nosotros, la mujer dormita.

Se le ha resbalado el libro, y el viento pasa las páginas, como grandes alas de blanquita de la col, una mariposa de un bonito color blanco anisado.

Más allá, a nuestra espalda, la muchacha sale sola de las dunas. Tiene una leve expresión ya de mujer, que arruga los rasgos de su rostro. Pocos segundos después el chico aparece corriendo y la alcanza.

Ambos se paran.

Sus labios parecen pronunciar palabras dolorosas, palabras de amor, palabras de adulto, en definitiva. El viento nos trae una breve frase de ella: «Amar significa poder morir por alguien». Nos miramos emocionados. Somos nosotros, más de cincuenta años atrás; nosotros, cuando nos abrazábamos llenos de miedo, enterrados en la arena para escapar de las balas, y nos prometimos la misma eternidad. Pero con palabras distintas.

Después se separan. Más bien se desgarran. La joven se reúne con sus padres bajo la sombrilla amarilla, y el muchacho se aleja en dirección al dique, hacia el ruido de la ciudad, hacia otras heridas.

La chica se sienta a pocos metros de sus padres y su madre le pregunta adónde ha ido Louis. Ella arroja arena al viento, como si se tratara ya de las cenizas de ese amor que posibilita morir por alguien. Se encoge de hombros y murmura: Está enamorado. ¿Y?, pregunta su madre. La joven permanece muda. ¿Victoire?, insiste ella. Y la muchacha que responde al bonito nombre de Victoire contesta con voz casi triste: Yo no. Luego se levanta bruscamente y corre hacia el mar, lejos. La seguimos con la mirada; corre deprisa, sus largas piernas dan la impresión de que va a emprender el vuelo. Un flamenco rosa lleno de gracia. Cuando entra corriendo en el agua, las salpicaduras forman un ramillete en cuyo centro ella es la linda flor. Después desaparece de nuestra vista, sin duda arrebatada por otros enamorados.

Nos damos la mano. Nuestros dedos oxidados, cansados, tejen anillos en los del otro. Las piernas ya no nos permiten correr hacia el mar como la pequeña Victoire, pero nuestros corazones todavía pueden llevarnos hasta él.

Nunca hablábamos de amor entre nosotros.

Sin duda nos parecía milagroso haber sobrevivido a los años de guerra, haber salido de ella y habernos reencontrado; tal vez esa fuera nuestra conjugación amorosa. Desde nuestra promesa aterrada en la arena ensangrentada de Le Touquet, en 1943, temíamos todo aquello que podía perderse, y las palabras de amor son las más volátiles que existen.

Pero nos amábamos.

Nos amábamos entre las palabras y entre líneas, en los silencios y las miradas, en los gestos más sencillos.

Nos amábamos en el preciado placer de encontrarnos a menudo.

Nos amábamos al caminar por el dique al mismo paso, contemplando las mismas cosas bonitas.

Nos amábamos a cada instante, sin tratar de prolongarlo, sin pedir al otro, precisamente, nada más que ese momento de eternidad.

Las palabras de amor no habían salvado nada. Jamás se habían impuesto al ruido de la metralla, a los alaridos de terror, ni habían ahogado la cacofonía del dolor; constituían el ámbito privado de aquellos que no habían conocido el tumulto de las tormentas; colmaban su memoria de promesas. La nuestra estaba demasiado saturada, y era sencillamente seguir juntos, atravesar la vida juntos, con nuestro lastre, nuestra cruz y nuestra modesta esperanza, lo que se había erigido en el lugar mismo del amor.

Fue nuestro amor «en el silencio», como lo denominábamos, lo que nos permitió no gritar, no darnos cabezazos contra la pared, no arrancarnos la piel, los ojos y el corazón cuando, treinta y cuatro horas después de venir al mundo, nuestro chiquitín lo abandonó; de puntillas, «en el silencio».

Ni siquiera tuvimos tiempo de llamarlo por su nombre. Más adelante intentamos de nuevo tener un hijo. Pero nuestros vientres habían muerto; dos viejos trozos de carne resecos y estériles, humillantes e insultantes.

El 26 de septiembre de 1959, cuando Jeanne tenía cuatro años, fue elegida junto con otros niños para recibir al general De Gaulle, que venía a inaugurar el nuevo Ayuntamiento de Valenciennes. Había ardido en 1940 pero, milagrosamente, la espléndida fachada se salvó, a excepción de la campana y del frontón de Carpeaux, que se derrumbaron, aunque sin herir a nadie. El ministro de la Reconstrucción decidió restaurar la fachada, idéntica a como estaba, y completarla por la parte trasera con un edificio moderno.

Jeanne estaba exultante. El desgarbo de los primeros años había desaparecido y nosotros solíamos decir que las cenizas de los años negros se habían volatilizado de su rostro, al igual que del mundo, por fin apaciguado. Jeanne llevaba un ramo de rosas rosa —una preciosa composición de las rosas antiguas de nuestro jardín: de Damasco, Enfants d'Orléans y Maréchal Davoust—, porque ese color significaba alegría, y que una ciudad resurja de sus cenizas siempre es motivo de alegría. Y fue su ramo el que escogió el general De Gaulle cuando los niños tendieron los suyos hacia él.

Esa elección iba a cambiarnos la vida.

Ese verano, ciento cuatro años después de los sueños de Julio Verne, diecinueve años después de las aventuras de Tintín, dos hombres caminaron por la Luna.

Nos pasamos la noche del 21 de julio en el jardín de nuestra casa, cerca de Lyon, observándola. Aún no teníamos televisor, solo unos tristes prismáticos; y Jeanne, decepcionada por no haber visto nada, a ningún caminante de estrellas, ningún cohete centelleante, agotada por la espera de un acontecimiento mundial que no conseguía ver, acabó por dormirse entre nosotros. Entonces tenía catorce años. Era espigada, pálida, muy bien hecha, y de vez en cuando, no sin orgullo, sorprendíamos miradas de reojo de los chicos por la calle. Había sido una niña fácil, amable, divertida en ocasiones; había sacado lo mejor de los dos.

Cuando quiso saber, le contamos nuestra infancia en tiempos de guerra. Le contamos cómo nos conocimos, cuando nos lo preguntó, y tuvo un sobresalto al enterarse de que no, Jeanne, no, no hubo flechazo como en los libros. Sobre todo teníamos menos miedo juntos, creíamos que, al ser dos, no caeríamos con tanta facilidad. Y ella suspiró, un leve suspiro ya de adulta, y dijo: «Está bien, las que acabáis de pronunciar también son palabras de amor».

Nos habíamos instalado cerca de Lyon, en Feyzin, donde habíamos adquirido una inmensa rosaleda.

Hacía unos ocho años que nos habíamos despedido de Mascaux, los grandes almacenes de Valenciennes, para emprender ese sueño de flores. Hacíamos crecer la belleza de uno de nuestros nombres de pila. Nuestras rosas eran hermosas, delicadas y muy preciadas. En su mayor parte se trataba de variedades antiguas: Comandante Beaurepaire, Ipsilanté, Amelia, Bela Portuguesa, Chaplin's Pink Climber, Gabrielle Privat. Todos los floristas de la región venían a abastecerse a nuestra casa, la Maison Vilmorin nos encargaba diversas especies raras. Nuestros días tenían la fragancia y la dulzura de las rosas, constituían la belleza y la gracia de las que había carecido nuestra infancia. Nos decíamos que nuestras flores reparaban la maldad de los hombres, la crueldad de los cobardes, que podían erigirse en el lenguaje de amor de los tímidos, de los pusilánimes, de todos aquellos a quienes las palabras asustan a veces porque son como armas. Pueden obrar tanto el bien como el mal.

Resultaba más fácil enviar dos rosas unidas, que transmitían un mensaje de deseo. Treinta y seis rosas para declarar el ardor. O ciento una, que traducían de manera imperiosa un amor infinito: «te amo sin hacer cálculo alguno, te amo sin límites, ¡ah!, si supieras», mejor que pronunciar varias palabras gastadas.

Ese año creamos una rosa con el nombre de nuestra hija: *Jeanne*. De flores dobles, que se abrían planas en cuartos, de un hermoso rosa intenso, casi cereza en el centro y plateado por fuera, abrazada por unas hojas verde oscuro.

Jeanne encontró su significado: «que quiere a sus padres».

Ese mismo año abrimos una floristería en Lyon, en la avenida de Adolphe-Max. Uno se quedaría en la rosaleda y el otro llevaría la tienda.

Era la primera vez que nos separábamos desde nuestro reencuentro en Le Touquet, a principios del invierno de 1948. Una mordedura en nuestros corazones.

A pocos metros de nosotros, la lectora cierra el libro a regañadientes y lo guarda. Se levanta despacio, ya cansada, cuando parece tan joven todavía. Su marido también está de pie, le ayuda; pliega las dos sillas azules y la sombrilla amarilla, que confería al rostro de su mujer un matiz más dorado de lo normal aunque, arriba en el cielo, el viento y las nubes conjugasen amenazas.

No esperan a su hija. Sin duda se dicen que nada hacia otros encuentros. Hacia los peligros propios de su edad. Probablemente se reunirán más tarde, en las horas turbias.

Al marcharse, la lectora nos saluda, y su marido la imita, antes de alejarse hacia la carretera, hacia los inmensos aparcamientos que suponen un insulto a la belleza de la costa.

La tarde llega a su fin.

Las muchachas regresan a sus cuartos de baño con el fin de prepararse para estar guapas y deseables esa noche; para volver locos a los hombres en el baile. Los chicos empiezan a tomar algo de alcohol para darse ánimos, los hombres para atreverse por fin a abordar a las mujeres, y confiar en conseguir un susurrado «sí». Siempre es lo mismo, tanto en tiempos de guerra como en tiempos de paz, así en verano como en invierno, la necesidad de no estar solo.

El apetito de ser amado.

Al hilo de las horas el mar se aleja, como una sábana que alguien aparta despacio, para desvelar una piel clara, virgen de toda conquista.

Más tarde caminaremos en el frescor del anochecer. Nuestros pies descalzos apenas se hundirán en la arena húmeda. Dibujarán en ella nuestro camino, nuestras vidas paralelas, nuestra larga historia de amor.

Por el momento tenemos un poco de frío, los dos a la vez, como es habitual. Constantemente nos preocupamos por el otro, desde siempre. Sacamos los cárdigan del capazo y nos ayudamos a ponérnoslos. Los brazos nos tiemblan desde hace mucho tiempo, ahora nuestros cuerpos se estremecen. Somos dos viejecitos encantadores; a menudo la gente nos sonríe, nos dice que somos guapos, que hacemos buena pareja, y esos breves comentarios benévolos son como pétalos de bondad.

También nosotros subimos hacia los feos aparcamientos, cruzamos el bulevar de la Plage, tomamos la calle de Dorothée, el bulevar de Daloz. Nos encanta zigzaguear por las calles, aventurarnos a no ir siempre por las mismas, y de ese modo tener la ilusión de perdernos para ofrecer al otro la alegría de reencontrar el camino correcto.

Algo más allá reconocemos a la mujer que anoche se sentó a nuestra mesa en el bar del hotel. Nos emocionó porque recordaba a una superviviente, y de supervivientes entendemos un rato, sabemos de lo que son capaces para seguir con vida. Aceleramos el paso porque iba del brazo de un hombre y parecía feliz, con esa felicidad que uno no se atreve a perturbar, ni siquiera con una sonrisa.

Y henos aquí de vuelta en el hotel Westminster, donde la habitación que ocupamos lleva el mismo número que la que vivió nuestros esponsales, en el gris polvoriento, ceniciento, del invierno de 1948. La habitación ha cambiado, por supuesto, como tantas cosas aquí: las vistas, los hombres, no tan elegantes, las mujeres, más descifrables. Cuanto más se acerca uno a las cosas, más se aleja el misterio. Los dos éramos sensibles al pudor y al silencio; preferíamos la indulgente penumbra de una habitación a su claridad en ocasiones hiriente. Nos conocíamos íntimamente sin habernos visto nunca con precisión. La belleza del otro radicaba en que siempre conservaba una parte de misterio, cosa que en la actualidad no parece resultar atractiva para nadie. «Uno debe adaptarse a su época», soltó en cierta ocasión el pintor Daumier a Ingres. «¿Y si la época se equivoca?», replicó el neoclásico.

El mundo ha cambiado y nosotros nos vamos.

Nos llevamos el estruendo de las bombas, las imágenes de cuerpos desmembrados, de la arena que absorbe la sangre a la velocidad de un papel secante; nos llevamos cierto temor a los hombres; nos llevamos el recuerdo de nuestras casas derrumbadas, del silencio que sigue a los alaridos; nos llevamos nuestros fantasmas y también la desesperanza de Dios, ese Dios que ha dejado de su mano tantas cosas, olvidado tantas cosas, ese Dios que ha amado tan poco a los hombres.

Más tarde bajamos al bar del hotel.

Hay mucha gente, mucho ruido. Algunas miradas abrasan. Algunas risas son como puertas que se abren. Brechas que bostezan, invitaciones ávidas. Los suspiros prometen noches largas; ciertas risas breves, instantes fugaces.

Nos acomodan un tanto apartados, debido a nuestra avanzada edad, sin duda. Pedimos dos copas de oporto. Un Castelinho reserva. Es nuestra golosina. Nuestro único pequeño vicio. Se trata de un vino de aroma intenso, en el que predominan la fruta madura y la mermelada de frutos rojos, y más tarde se revelan matices de vainilla y de café. Tiene la densidad de un beso paciente. Lo degustamos a pequeños sorbos. El alcohol actúa lentamente, nuestra mente se vuelve errática. No hablamos; no con palabras al menos.

Nuestras miradas saben.

Esta noche vuelven a ver los viajes que nos han conducido hasta aquí. La odisea de nuestra vida. El imperioso deseo de los brazos del otro, abiertos sobre la arena púrpura de Le Touquet.

Vuelven a ver a nuestro pequeñín muerto; y a los otros que no llegaron.

Vuelven a ver las espinas y las rosas; después los años más dulces. A Jeanne que crecía, que florecía.

Vuelven a ver los fascinantes veinte años de nuestra hija, el alegre torbellino de los años setenta, las canciones de Nicole Rieu, el insumergible *L'été indien* de Joe Dassin, los pantalones de pata de elefante, los logrados *brushings* de las estrellas americanas.

Vuelven a ver a aquel amable novio.

Vuelven a ver la manera en que nuestra hija y él se daban la mano, jurándose que, como había ocurrido con nosotros, nada los separaría jamás. Y luego la boda, y las casas visitadas, llenas de habitaciones, de jardines y de flores, y luego el intenso dolor en el vientre, la ecografía sospechosa, el escáner amenazador, el vientre que al abrirlo revela la amplitud del mal, un campo de batalla, todos los destrozos, y el amable marido que cierra los ojos y no vuelve a abrirlos, la cabeza que le cae de lado, jamás mantendrá sus promesas de eternidad.

Nuestras miradas vuelven a ver esa noche la infinita cólera de Jeanne, su propia guerra, sus lágrimas, sus gritos, el inmundo silencio que sobreviene de repente y ahoga los gritos, y por fin la pena, inmensa, inconsolable, que surge de ese silencio.

Después de eso Jeanne se fue a la India para domeñar sus miedos y codearse con la muerte. Caminó durante semanas hasta que sus lágrimas se secaron. Se cruzó con otros caminantes, también ellos perdidos. Más tarde, depositaron juntos sus mochilas en Bahipur Hajjampati, un pueblo desolado de Uttar Pradesh, una de las regiones más pobres del mundo, y empezaron a hacer entrega de lo que la vida les había enseñado. Dos veces al año recibíamos una larga carta, y al hilo del tiempo las palabras se iban apaciguando; en ocasiones incluso parecía que su risa afloraba. Fuimos a verla en 1980. Celebramos sus veinticinco años en la miseria. La belleza de nuestra hija se había endurecido, como si hubiera intentado enterrarla, sustraerla al mundo y a las miradas de los hombres. Compartimos algunos días de su vida, asistimos a las clases que daba a niños hambrientos de todo, le ayudamos en el dispensario. Se mostraba orgullosa en todo lo que hacía. Su semblante era grave. No hablaba de volver, no hablaba de mañanas, al presente avanzaba, paso a paso, en su propia posguerra; paso a paso abría camino a los demás.

Lloramos largas horas en el avión de vuelta, pero nos pareció que se trataba de lágrimas de alegría.

Nuestras miradas se acuerdan.

Al volver de la India guardamos definitivamente los restos de la infancia de nuestra hija: algunos libros, una caja de acuarelas, dos muñecas y la pata atrofiada de un oso de

157

peluche. Nos acercábamos a los sesenta años, ya era hora de dejarla marchar, hora de dejar de temer por ella, y eso fue lo más difícil. Seguimos cultivando nuestras rosas, dividiéndonos entre la rosaleda de Feyzin y la tienda de Lyon, y empezamos a trazar el camino que habría de traernos aquí hoy, en este último 14 de julio del siglo.

El joven camarero nos ofrece una segunda copa de oporto y esa noche aceptamos, ruborizados. Esta vez trae también unas aceitunas, patatas fritas, y el último aperitivo de nuestra vida adquiere aire de fiesta. Nuestras manos se unen por encima de la mesa. Nos sonreímos. Nuestro rostro no revela el menor miedo.

Estamos preparados desde hace mucho.

Desde hace mucho, el cuerpo de uno de nosotros supone un sufrimiento. Sus dedos están rígidos. Atar unos botines o anudar una corbata implica gran sufrimiento. Los ojos del otro se hunden en la turbación y lloran de manera irreprimible, con lágrimas muy antiguas.

Caminar no tarda en agotarnos, aunque no renunciemos a ello.

El ruido nos produce migraña y, en ocasiones, necesitamos un tiempo demencial para recuperar la precisión de los recuerdos, poner nombre a un rostro, rememorar todas aquellas cosas de nuestra vida que contribuyeron a consolidar la felicidad de estar juntos.

Nuestra impaciencia se impone. Nos vuelve susceptibles, a veces hirientes.

Nuestro vientre se adapta cada vez peor a los alimentos que nos gustaban. La tibieza de un té nos quema la boca.

Los dientes se nos caen a pedazos.

Nuestras sonrisas han perdido el brillo.

Las manos se nos paralizan, los dedos se oxidan, nos tiemblan los labios. Algunas palabras ya no consiguen franquearlos, y esas palabras que nos faltan nos advierten que nuestros lazos se están deshaciendo, se agotan, y que un buen día uno de nosotros puede faltar a su compromiso con el otro y dejarlo solo, inmerso en el cáncer de la soledad, en la vergüenza de la decadencia.

No tomaremos un tercer oporto.

Ya nos brillan los ojos, como en los buenos tiempos de dicha. Firmamos la cuenta, y el coste de nuestro modesto vicio se añade a la factura de la habitación, que insistimos en abonar ahora mismo.

¡Pero si no se marchan hasta mañana!, protesta la recepcionista.

Sin duda muy temprano, respondemos.

Una vez en la habitación, recogemos nuestras cosas, hacemos la maleta. Vemos un rato la televisión, hasta que la noche caiga por completo.

Anuncian que solo el 30 por ciento de los ordenadores rusos están preparados para el año 2000. Vuelven a difundir las imágenes del desfile, que este año cuenta con la presencia de la guardia real marroquí, así como con las gaitas bretonas de Lann-Bihoué. Nos enteramos de que el ciclista Giuseppe Guerini ha ganado la etapa de L'Alpe-d'Huez, pese a su caída. Se prevé tiempo fresco en la zona del canal de la Mancha para mañana por la mañana, y una temperatura que podrá llegar a los diecinueve grados por la tarde. El mar estará frío.

Luego llega la noche. Y salimos.

Se celebran varios bailes en la ciudad, uno de ellos en el dique.

Bombillas multicolor dibujan los contornos de la pista, donde los cuerpos de las muchachas bailan y se acercan. En un baile no hay lugar para las penas o aflicciones, tan solo para inmensas esperanzas.

La única vez que nosotros bailamos fue durante la Liberación. Era como si nuestros cuerpos escapasen de sí mismos. Daban vueltas y vueltas, embriagados, pasaban de brazo en brazo, las bocas nos aplastaban las mejillas, los labios degustaban los nuestros, sonaban risas en nuestros oídos, las manos despertaban antiguos estremecimientos. Durante una hora, dos horas, dejamos de pertenecernos, éramos el cuerpo mismo de la alegría, su carne y su sangre. Durante una hora, dos horas, el final de la guerra aportó el final del miedo, las ganas de gritar palabras olvidadas, el ansia de creer en ellas.

Sin embargo, el perdón resulta tan difícil…

Bordeamos la pista de baile, hoy nuestros cuerpos ya no podrían menearse de ese modo; nuestras viejas manos se aferran la una a la otra cuando, por detrás de las casetas de baño multicolores, bajamos los peldaños de madera desgastada, tan estrechos, peligrosos, que nos llevan a la playa. Nos quitamos los zapatos y de inmediato el frío de la arena nos sobrecoge. Tiritamos. Se trata de un escalofrío de infancia, de un redescubrimiento. Una sorpresa.

Sonreímos, nos sentimos en paz.

Caminamos largo rato hasta llegar al mar; está tan lejos a esta hora… La humedad de la arena nos entumece los pies. Nuestras zancadas se hacen más cortas, resultan más dolorosas. Las luces de la ciudad se alejan. En la oscuridad, el estruendo de las olas es ensordecedor, ahoga los gritos, las postreras reticencias y las últimas palabras.

Nos hemos amado todos estos años, con inmensa ternura, con una dulzura de la que no nos creíamos capaces.

Hemos sobrevivido a la tristeza de nuestra hija Jeanne.

Hemos perdonado a esos niños que no se dignaron a venir.

Hemos tenido algunos amigos fieles a los que mimamos, amigos que nos hicieron reír.

Gracias a nuestras rosas, hemos hecho aparecer el rubor en las mejillas de miles de novias; hemos permitido a miles de otros atreverse a declarar su ardor. Las rosas rojas, la pasión; las rosas rosa, la gracia, las ganas de ser amado; las rosas pálidas, la ternura; las blancas, el amor secreto y en ocasiones la resignación; por último, las de tonos crema —nuestras favoritas estos últimos años—, la dulzura de amar.

Hemos atravesado juntos este muy largo medio siglo.

Nos conocimos en la claridad cegadora de una mina enterrada en esta playa, y hemos decidido desaparecer en la oscuridad helada de esta misma playa. Dentro de un momento habrá fuegos artificiales.

Y el mar se beberá nuestras lágrimas.

No debe de hacer más de nueve o diez grados.

Cuando nos metemos en el agua, ambos esperamos secretamente que la cosa se produzca con rapidez.

Caminamos. El agua no tarda en llegarnos por la rodilla, luego por la cintura, entonces empezamos a nadar, nuestros gestos resultan entumecidos, aletargados por nuestras articulaciones oxidadas y el intenso frío. Nadamos con torpes brazadas. A cada movimiento de los brazos, nuestros dedos se tocan, se aseguran de que el otro sigue ahí todavía. Cuando ya no hacemos pie, dejamos de nadar y nos incorporamos en el agua. Nuestras agotadas piernas describen breves molinetes.

Nos besamos, nos damos las gracias por tan larga vida, en este momento nos sentimos profundamente dichosos.

Luego nos pedimos perdón, y nos perdonamos.

Las manos nos tiemblan ya, están heladas.

Nuestros labios son incapaces de articular sonido alguno. Nuestras manos se aferran la una a la otra. Esperamos, ya sin fuerzas siquiera para sonreírnos.

El mar se bebe nuestras lágrimas.

Y de pronto, ya está.

La mano de uno se suelta, su cabeza oscila, el agua salada le inunda la boca, le sobreviene un hipo de sorpresa, un último reflejo de mantener la cabeza fuera del agua, pero le vuelve a caer. Qué duro resulta para el que aún sigue allí no ser el que se vaya primero, el que no podrá salvar al otro.

La mano se hunde, las piernas dejan de moverse. En el punto en que su vida estaba aún presente hace un momento, ahora revientan las últimas burbujas de oxígeno.

El agua helada ha ahogado los gritos.

El agua helada ha invadido la garganta, los pulmones, ha lastrado el cuerpo y lo ha arrastrado hacia las profundidades de ese vientre de agua negra.

El último 14 de julio del siglo.

Entonces, con un ruido de trueno, como el de las minas cuando explotan, los primeros rosetones rojos y amarillos de los fuegos artificiales rasgan la negrura, iluminan el cielo y alumbran con oro y sangre mi rostro agotado, mientras vuelvo a la orilla nadando con movimientos aterrorizados. Desarticulados.

Cuando el superviviente llega a la arena húmeda, dura como el cemento, y antes de que el agotamiento, el frío, el miedo y el dolor hagan que se desvanezca, pronuncia el nombre de una flor.

Pimpinela

Es de noche.

Fuera, el viento del nordeste se ha levantado y, aunque se acerca el verano, sé que ese viento trae el frío. Nuestra casa, que da a la punta de la Rognouse, tiembla un poco; mi mujer y yo la elegimos porque aquí no hay veranos dignos de tal nombre. Desconfiamos de ellos desde los quince años, calientan la sangre. Preferimos esta región fuera de temporada, como en la canción de Cabrel.

Han pasado diez años desde el verano de nuestro único beso. Mi silueta recuerda la de mi padre en las fotos, y a veces me río como él. Sin embargo, al contrario que él, que no tuvo tiempo, he aprendido que la gracia no se nos concede eternamente; que el dolor siempre está ahí, agazapado en nuestras sombras, en nuestras horas oscuras.

Más de un año después de mi pimpinela, llamaron a la puerta. Era tarde, la oscuridad estaba preñada de silencio.

Fui a abrir.

Victoire.

No llevaba maleta, ni bolso, ni pasado. Algo había arañado las gemas de sus ojos, el destello de esmeralda se había empañado, y lloré cuando cruzó el umbral de mi piso.

Llevaba un plantón de mirto en la mano.

Mirto: sí, amor compartido.

Entonces la tomé en mis brazos, conmocionado, como uno acoge a aquel que se ha perdido y que todavía tiembla; y jamás, desde ese día, hemos vuelto a hablar de aquellos años.

Permanecen entre nosotros como una fisura púrpura. Una línea de sangre infranqueable.

Hace un momento he ido a tapar a nuestro hijo; pronto cumplirá tres años, tiene los ojos verdes de su madre y la boca de mi padre, por lo que sé. Mi madre está loca por él; desearía dejar Sainghin y vivir más cerca de nosotros. Ha comprado un chubasquero, unas botas, una sacadera raqueta, una cesta; consulta los horarios de las mareas; nos imagina a todos en la playa, adivina nuestras risas; se está iniciando en el arte de las *crêpes,* del *kouign-amann,* una tarta típica de mantequilla y azúcar; está aprendiendo palabras bretonas: *degemer mat* (bienvenido), *trugarez* (gracias), *brav eo!* (¡qué bonito!); solo palabras amables. En el ínterin, se pasa los días con la poetisa de porcelana. Desde hace cuatro años, en verano, organizan «Los jardines de la poesía». No es que haya multitudes, y los que acuden, me cuenta, leen textos espantosos (los suyos), pero toda esa gente se siente feliz y espera soñando con su porción de inmortalidad.

Ahora el viento sopla más fuerte. El aire es salado. Tiene el sabor de las lágrimas que ya no brotan desde el verano de mis quince años pero que me ahogan cada día más.

Dejo el lápiz.

Voy a tenderme de nuevo a su lado, en nuestra cama; voy a apretarme contra ella, muy fuerte, con el fin de sofocar, hasta el nacimiento del día, mi miedo inconsolable a que me abandone.

Mi intranquilidad.

Eugénie Guinoisseau

Este verano Cabrel no canta.

Al menos ninguna canción nueva. El verano pasado, uno de sus éxitos se titulaba *Des roses et des orties.* Y ese título, «Rosas y ortigas», resume claramente mi vida.

Sobre todo las ortigas.

Mi madre murió la primavera pasada, a la hora en que las flores se abren. Ese día no se despertó; ella que odiaba preparar el desayuno, se evitó una última tarea. Así que me convertí en huérfana; y mi hijo ni siquiera tuvo miedo por mí, ni siquiera sintió frío por mí; se marchó a celebrar sus dieciocho años a España con unos amigos, sus diecinueve este verano a Asia con una chica; y de ser huérfana pasé a estar sola. Sola,

Comme jour
Comme nuit
Comme jour après nuit
Comme pluie
Comme cendre
Comme froid
Comme rien,

[«Como día / como noche / como día tras noche / como lluvia / como ceniza / como frío / como nada.»]

Tal como cantaba Barbara.

He conservado nuestro piso de la calle de Paris; tiré todos los recuerdos, los juguetes de playa, los marcos de conchas marinas de Hector. Ahora parece un piso piloto. Testigo del vacío de mi vida.

Y también algunas *rosas*, puesto que conocí a un hombre. Hace dos años.

Nuestro encuentro tuvo lugar ante la iglesia de Santa Juana de Arco, mientras me dirigía al mercado cubierto de la calle de Jean-Monnet, envuelta en el agradable calorcillo de última hora de una mañana de verano, rodeada del olor del mar y los gritos de las gaviotas, que no tienen nada en absoluto de románticas. Él salía de la iglesia formando parte de un cortejo de gente vestida de negro o de gris oscuro. Las mujeres llevaban sombreros de paja para protegerse del sol y los escasos niños, gorros de color claro con logos de anisetes. Algunas lágrimas, algunos abrazos tristes. Nuestras miradas se cruzaron mientras él encendía un cigarrillo. No hablo de flechazo ni de salvajismo, sino de deseo civilizado. Ante su mirada, su sonrisa y la indecencia de la situación, el corazón se me aceleró, mi vientre se contrajo. Cuando el grupo se puso en marcha, me colé en el cortejo. El hombre sonrió, se acercó a mí. Casi hasta tocarme. Percibí su olor a tabaco negro y a café. Caminamos en silencio hasta el Grand Hôtel, donde se ofrecía un vino. Nuestros dedos se rozaron, ardientes. Me presentó a algunas personas de su familia: de pronto yo era la prima Martine, de Saint-Omer. Sí, tita Andrée, ya sabes, Martine, la hija de Jacques. Y la pobre Andrée, que babeaba ligeramente que cabeceaba un poco, frunció el ceño y se acordó: ah, sí, Jacques, claro, lo que pasa es que no recordaba que tuviera una hija. Nuestras primeras carcajadas.

Más tarde, cuando los allegados evocaban, con la ayuda de las fotos, la vida del fallecido (su afición a los perros de caza, su pasión por los *westerns),* nos escabullimos para reencontrarnos en el guardarropa del hotel, donde nuestros apetitos salvajes, irreprimibles, se impusieron. Fue algo intenso, hermoso e impúdico. Una gran compenetración. Y creí que había algo. Un encuentro. Una posibilidad.

Sin embargo, la amenaza siempre está al acecho.

Mientras se calmaba nuestra respiración, me dijo que me amaba. Que quería volver a verme. Me preguntó mi nombre, quiso saber si me gustaba la música clásica. Las *crêpes.* El vino. Las películas de Judd Apatow. Y lo creí. Le juro, señor Rose, que en aquel momento, tendida en el fresco embaldosado, creí que era el adecuado. El tipo adecuado. El día adecuado. Que se trataba de un punto de partida viable que llevaría por fin a mi historia de amor. Nos telefoneamos. Volvimos a vernos varios días después, en su vivienda alquilada de Hardelot. La misma hambre, idéntica impaciencia. Las mismas incandescencias. De nuevo tenía quince años, boquita de piñón, el corazón entregado.

La amenaza.

Entre el humo de los cigarrillos de después: sus palabras. Como la hoja de mis viejos cuchillos para carne. Estaba casado. Pero no iba a durar. Me pedía que lo esperase. Prometía, suplicaba. Ya. De manera que dejé de esperar nada del amor, señor Rose. Y regresaron *las ortigas.* Mi piel se volvió dolorosa, hinchada de carencias, escarificada de aflicciones. Mi desdicha con los hombres es inconsolable, como sabe. Soy incurable. Jamás he vuelto a entregarme a un hambriento. No he vuelto a salir de noche, no he vuelto a perderme en las sombras, en el cálido aliento de la mentira. Cerré mi cuerpo, me cosí el sexo, eché el cerrojo a mi corazón. Y sigo viva.

Nunca he tenido mucha suerte con los hombres.

Esta mañana la lluvia amenaza en Le Touquet. En el dique, los niños refunfuñan, las madres han previsto chubasqueros y botas. La playa está desierta y gris.

Esta mañana, como todas las mañanas de julio desde hace diez años, vengo a ver al señor Rose. Como todas las mañanas de julio desde hace diez años, le llevo una Eugénie Guinoisseau —la de hoy tira a malva—, y esta mañana le leo unas páginas de *De la tierna edad,* de Larbaud, las historias de Rose y de Röschen, de Julia, de Justine, de todas esas niñas que fuimos, soñadoras, enamoradas, y para las que en algunos casos crecer supuso malograrse.

Esta mañana una mujer se nos ha acercado. Iba acompañada de un hombre muy guapo, un indio. Me ha preguntado, con voz muy dulce, si había conocido al tal… Señor Rose. Le he sonreído. He contestado que sí. Que no. De hecho, yo… Pero que… Entonces se ha sentado a mi lado y me ha contado la historia de Pierre y de Rose.

Al terminar, una vez secas nuestras lágrimas, he comprendido que existía un amor más grande que nosotros. Más grande que yo.

Y que tenía la suerte de formar parte de él.

174

Jacinto

Anuncian una temperatura de ochenta y seis grados Fahrenheit (treinta grados Celsius) para hoy.

Hace diez años, en Le Touquet, apenas hacía más de veinte grados, y el mar estaba helado. Contaban que un hombre había querido ahogarse en él una noche de baile.

Nunca hemos vuelto a Le Touquet.

Allí dejamos los restos mortales de una tal Monique y un tal Richard.

Dejamos que el mar se los llevara, que se hicieran pedazos contra las rocas y desapareciesen.

En la arena tibia de las dunas, nos convertimos en Louise y Robert. Entre las frescas sábanas de un hotel, cuyo nombre hemos olvidado y que tenía unas vistas espectaculares. En la humedad de un bar *art déco* tremendamente *kitsch*. En la quemazón de nuestros cuerpos recién nacidos. En el agua caliente de una bañera. En nuestros ojos. Y en nuestra impúdica avidez, nos convertimos en Louise y Robert.

De eso hace ya diez años.

Pronto hará diez años que nos instalamos aquí.

En el nordeste de Estados Unidos, cerca de Bovina, ciento cincuenta millas al norte de la ciudad de Nueva

York. Construimos una casa de madera en Mountain Brook. Da al Little Delaware River, y todas las mañanas, cuando abrimos los postigos, se nos ofrece un nuevo panorama maravilloso. La casa es grande, acogedora. Todos los veranos, todos los inviernos, vienen nuestros tres hijos. Al principio con sus novias. Más tarde con sus esposas. Y ahora con sus hijos.

El invierno es muy frío; a veces la nieve bloquea las carreteras durante toda una semana, y cuando no salimos a esquiar, nos pasamos horas junto a la inmensa chimenea, dejando que el fuego nos queme la piel y nos inflame.

Nuestros hijos estarán aquí dentro de dos semanas, a principios de agosto. Entonces haremos interminables barbacoas. Los chicos saldrán a navegar en bote; se creerán los hermanos Maclean en *El río de la vida,* pero a día de hoy jamás han conseguido atrapar una trucha tan enorme como la que Garnett Lee, nuestro adorable vecino, se jacta de haber pescado un día, la cual medía casi un metro y pesaba más de siete kilos.

Dentro de dos semanas recuperaremos por un mes la gracia de nuestros veranos de antaño, antes de que a nuestros hijos les crecieran alas en la espalda; de aquellos veranos pasados en el sur, en aquellos pueblos de Francia.

Eso fue antes del frío. Antes de la época glacial de su partida.

Antes de que me convirtiera en Louise, para no morir.

Desde hace ahora diez años hemos mantenido todas nuestras promesas de Le Touquet.

Nos hemos dedicado a vaciar. Hemos tirado las cosas inútiles. Los recuerdos molestos. Las mentiras necesarias.

Hemos construido esta agradable casa, donde nadie ha vivido antes que nosotros. Tenemos una cama enorme. Una gran bañera. Seguimos regalándonos jacintos rojos y ruborizándonos. Hacemos el amor muy a menudo, en la enorme cama, en la gran bañera, fuera, junto al río, siempre con inmensa glotonería y un descaro impúdico.

Las amenazas se alejaron hasta desaparecer.

Estamos prodigiosamente enamorados, desde hace treinta y cinco años. Cada cual es el último para el otro, y esa certeza nos mantiene profundamente apaciguados, dichosos y libres. Estamos eternamente guapos a los ojos del otro. Somos una historia sin historia. Un amor inmenso, que no merece que se escriba un libro sobre él; por lo demás, nadie ha tenido nunca éxito con uno que empezara con «Vivieron felices».

En el fondo, somos una pareja carente de interés.

Anuncian una temperatura de ochenta y seis grados Fahrenheit (treinta grados Celsius) para hoy.

ROSA

Había llegado de Jagdalpur, en Chhattisgarh, un estado nacido con el siglo, donde solo permanecí unas semanas.

Antes de eso, había transitado por Sri Ganganagar, en la frontera paquistaní, y luego por Banswara, apodada la ciudad de las mil islas. El sobre incluía otros nombres más, otras cartas; eran las cuentas del rosario de mi largo periplo indio, de mi lenta y dolorosa muda. Con cada desplazamiento dejaba atrás algo más de mi dolor por haber perdido a mi marido, demasiado pronto después de nuestra boda. Pero mis lágrimas resultaban largas de secar.

Después Bombay y Nagpur, en el estado de Maharashtra. Dhanbad, en Jharkhand, la ciudad oscura, que contaba con ciento doce minas de carbón e, ironía de las palabras, con la célebre Indian School of Mines.

A continuación Tirukalukundram, en Tamil Nadu.

Luego la utópica Auroville, donde conocí a Âdi Sharma, el hombre al que amo y que me ama; Âdi Sharma, cuyo nombre significa «el más importante», y el apellido, «alegría y refugio».

Fue en Baghdoba, en el golfo de Bengala, donde esa carta me llegó por fin. Tras nueve años de viaje.

La letra de mi madre.

Resultaba tanto más sorprendente cuanto que, diez años antes, al llevar varios meses sin noticias de mis padres, había llamado a una vecina, quien, deshecha en lágrimas, me comunicó su desaparición. Se habían marchado en coche y jamás habían llegado a ningún sitio. Supusieron que habían tenido un accidente. La gendarmería había sobrevolado varias veces las carreteras del departamento, pero no habían encontrado nada. Solo restaba esperar a que un cazador o un excursionista descubrieran algún día la carcasa del coche en un barranco, o un pescador, en el fondo de un río.

La carta databa del 14 de julio de 1999. Estábamos a 15 de noviembre de 2008.

Cariño, tu padre y yo hemos vuelto a Le Touquet; al lugar donde nos conocimos, un día de bombardeos; al lugar donde tú creciste, donde diste los primeros pasos y donde conociste tus primeras carcajadas de niña. Te quedaste muy sorprendida, porque, paradójicamente, la risa hizo brotar lágrimas de tus ojos, pero no tardaste en comprender que no todas las lágrimas eran necesariamente tristes.

Papá y yo hemos concluido nuestro camino. Nos hemos amado todos los días, y todas las noches, durante más de medio siglo. Todas esas mañanas en que despertábamos al mismo tiempo, vivos, han supuesto una dicha infinita.

El amor consiste en tener siempre algo por delante, una nueva mañana, y otra más. Ya no nos espera ninguna, o tan pocas... La amenaza procede del interior a partir de ahora.

Hemos envejecido bien. Ahora nuestros cuerpos están cansados. El sufrimiento asoma la punta de su fea nariz. Nuestras manos están entumecidas y se fracturan. Estamos saciados de recuerdos, y el tuyo es uno de los más hermosos. No deseamos que la gracia del amor se eche a perder y nos deje únicamente la aflicción de las cosas feas. Todavía somos guapos, una mujer nos lo dijo tan lejos como ayer, en el hotel, pero sobre todo lo es él; ya no se lo digo porque me trata de embustera, o de embaucadora. ¿Sabes?, todavía me hace reír.

Marcharnos juntos supone una beatitud. No hay tristeza que valga.

Esta noche, en la playa, al adentrarnos en el agua, hacia nuestras estrellas, pensaremos en ti, que has sido la inmensa alegría de nuestra vida.

Dios, cómo lloré su inmenso amor.

Su postrera unión.

Más tarde, Âdi y yo recorrimos los consulados franceses para recabar noticias de mis padres, pasamos un tiempo de locura colgados de internet, telefoneamos durante horas y horas a Francia. Ayuntamientos, prensa local, gendarmerías… Esperamos siglos. Y por fin un día, en el Ayuntamiento de Le Touquet, una señora (bendita sea) contactó con nosotros. Recordaba a un anciano al que una mujer había descubierto en la playa, diez años atrás, una noche de baile. Nunca había sido identificado. Acabaron por ponerle el nombre de señor Rose porque antes de morir, en el instituto Calot-Hélio de Berck-sur-Mer, solo había pronunciado una palabra, siempre la misma. Rose. Una letanía de amor.

Me pasé horas llorando. Lloré las rosas de mis padres, lloré las de Damasco, las Enfants d'Orléans y las Maréchal Davoust de mi infancia. Lloré el bonito nombre de mi madre. Y luego Âdi, mi refugio, Âdi, mi alegría, me estrechó entre sus fuertes brazos y murmuró: «Ven».

Llegamos a Francia a principios de junio. Encontramos el rastro de mi madre en el instituto forense de Lens, donde a un cuerpo que habían encontrado dos chiquillos en una playa de Wissant, diez años atrás, le habían practicado la autopsia. Ahogamiento. Me mostraron una sorprendente imagen de su rostro, reconstruido por ordenador. Era ella.

Había sido enterrada en la fosa común del cementerio Este, en Sallaumines. Allí, junto a aquella tumba sin nombre, hice la promesa de llevarla a Le Touquet, de devolverla al lado de mi padre; y dado que, como canta Dalida, «jamás han fabricado un ataúd de dos plazas», de hacer que grabaran los nombres de ambos uniéndolos, ligándolos, a fin de que solo formasen uno.

Desde Lens nos dirigimos a Le Touquet.

Esa mañana hay amenaza de lluvia. En el dique, los niños refunfuñan, las madres, previsoras, han llevado chubasqueros. La playa está gris y prácticamente vacía.

En el bulevar de la Canche, el guarda nos indica el emplazamiento de la tumba del señor Rose. Cuando llegamos, una mujer está sentada en la lápida, sobre la que reconozco una Eugénie Guinoisseau, tirando a malva.

La mujer sujeta un libro, que lee en voz baja, lentamente; como se regalan palabras en un hospital a alguien que está en coma, por si acaso todavía puede oír.

Por si acaso sigue viviendo.

Me siento conmocionada cuando le pregunto si conoce al tal... señor Rose. Me sonríe. Me responde que sí. Que no. Que de hecho...

Entonces me siento al lado de esa mujer, y tras haberle contado la historia de Pierre y de Rose, ella me refiere a su vez la preciosa y poco común historia de las últimas horas de mi padre.

Nota del autor

Claude y Odette F. tenían ochenta y cuatro y ochenta y un años, respectivamente. Los encontró la mujer de la limpieza, en el cuarto piso de un suntuoso edificio del distrito VII parisino. Murieron juntos.

El peluquero de Odette declararía más tarde: «Cuando veías al uno, veías al otro».

Bernard y Georgette C. tenían ambos ochenta y seis años cuando fueron hallados sin vida en una habitación del Hôtel Lutetia de París. Tras una última noche juntos.

Filemón y Baucis (hace bastante más tiempo) expresaron a los dioses, que deseaban recompensar su amabilidad, su deseo de morir juntos. Cuando llegaron al término de su vida, ambos se dieron cuenta de que el otro se cubría de hojas. Después empezaba a rodearlo una corteza. Entonces fueron transformados el uno en roble y el otro en tilo. Sin embargo, el árbol tenía un único tronco. De ese modo permanecerían unidos para siempre.

Por último, todavía algo más lejos de nosotros, probablemente hacia el año 3800 antes de Cristo (según la datación con carbono 14), en la cueva de Diros —en el Peloponeso—, una muchacha y un joven se abrazaron tiernamente. Encontraron sus esqueletos, que seguían abrazados, cinco mil ochocientos trece años más tarde. En julio de 2013.

Agradecimientos

Una siempreviva para Karina Hocine.

Un gordolobo para Laurent Laffont.

Un aciano para Emmanuelle Allibert.

Un clavel de poeta para Anne Pidoux.

Una lobelia para Eva Bredin y Mariagrazia Mazzitelli (una para cada una).

Y, por último, una pimpinela para Dana.

LA LISTA
DE MIS DESEOS

**¿Y si pudieras tener lo que siempre has querido?
Una maravillosa historia sobre la felicidad**

**¿Qué harías si el azar pusiera tu vida patas arriba
de la noche a la mañana?**

«Una novela que hará que vuelvas a
creer en la magia cotidiana.»
—*AR*

«*La lista de mis deseos* es uno de
los fenómenos recientes de la
literatura francesa.»
—*Qué leer*

«Una reflexión sobre la felicidad y sobre las
cosas que su protagonista, la propietaria de
una mercería, siempre quiso tener.»
—*El Correo Gallego*

«Un libro revelación en Francia. Una
novela sencilla que ha sido considerada
"la perfecta lectura anticrisis".»
—*Cuadernos del Sur*

«Una pequeña joya
literaria.»
—*Le Point*

«Una conmovedora historia
sobre la felicidad de las
cosas cotidianas.»
—*L'Indépendant*

Por qué leer este libro:

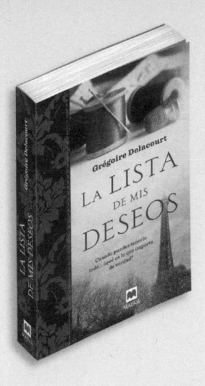

- Para conocer una novela que ha tenido una extraordinaria trayectoria tanto en Francia como en el resto de Europa.

- Porque se trata de un excepcional éxito literario en Francia, con más de un millón de ejemplares vendidos, creado por los propios lectores gracias al boca a boca.

- Por ser una perfecta lectura «anticrisis».

- Porque nos enseña que todos sabemos lo que queremos... hasta que lo tenemos de verdad.

«Concisa y fluida, esta novela permite al lector sumergirse sin reservas en el alma de su encantadora heroína.»
—*L'Express*

«Un best seller en Francia, esta sorprendente novela habla de amor y de nuestros deseos, y de lo que nos arriesgamos a perder cuando ganamos.»
—*Kirkus Reviews*

«Grégoire Delacourt consigue escribir este tipo de novelas que gustan a los lectores porque relatan historias humanas sobre los grandes sueños de felicidad, aunque no siempre tengan un final feliz.»
—*Focus*